KB200116

아들아, 씨유 인 헤븐

아들아, 씨유 인 헤븐

지은이 | 이동원
초판 발행 | 2021. 9. 27
9쇄 발행 | 2022. 11. 16
등록번호 | 제1988-000080호
등록된 곳 | 서울특별시 용산구 서빙고로 65길 38
발행처 | 사단법인 두란노서원
영업부 | 2078-3352   FAX | 080-749-3705
출판부 | 2078-3331

책값은 뒤표지에 있습니다.
ISBN 978-89-531-4056-1 03230

독자의 의견을 기다립니다.
tpress@duranno.com   www.duranno.com

이 책의 저작권은 저자와 독점 계약한 두란노서원에 있습니다.
저작권법에 의하여 한국 내에서 보호 받는 저작물이므로 무단 전재와 무단 복제를 금합니다.

두란노서원은 바울 사도가 3차 전도여행 때 에베소에서 성령 받은 제자들을 따로 세워 하나님의
말씀으로 양육하던 장소입니다. 사도행전 19장 8-20절의 정신에 따라 첫째 목회자를 돕는 사역과
평신도를 훈련시키는 사역, 둘째 세계선교(TIM)와 문서선교(단행본·잡지) 사역, 셋째 예수문화 및 경배
와 찬양 사역, 그리고 가정·상담 사역 등을 감당하고 있습니다. 1980년 12월 22일에 창립된 두란
노서원은 주님 오실 때까지 이 사역들을 계속할 것입니다.

아들아,
씨유 인 헤븐

CU in Heaven

아들을 먼저 보낸
아비의 연가

이동원 지음

두란노

책 표지 그림은 '이범' 형제의 어머니이며
이동원 목사의 아내인 우명자 사모의 그림 〈위로〉입니다.

"애통하는 자는 복이 있나니
그들이 위로를 받을 것임이요"(마 5:4).

이 책을 범의 아들 재성(Jayden)과 아내 유현,
범을 사랑한 모든 이에게 바칩니다.
그리고 사랑하는 사람을 상실한
고통 중에 있는 이웃들에게
이 책을 드립니다.

목차

2부

∞ 아들을 그리는 시와 기도

3부

∞ 아들을 보내는 예식의 마당

4부

∞ 고통과 죽음, 천국에 대한 묵상

아들 범아,
네가 그립다

지난 해 한국관광
홍보 영상의 제목이
'범 내려온다'였다.
그래 범아, 잠깐만 내려올 수 없겠니?
네가 너무너무 그립다.

네가 이 땅을 떠난 시간을 앞두고
아들을 먼저 보낸 아비의 그리움을 담아
널 사랑한 아비와 친구들의 맘을 묶어
작은 아픔의 연서를 펴낸다.

자식을 먼저 보낸 부모들의 참척(慘慽)….
그들의 고통과 연대함으로
너의 고통은 거룩한 속죄의 고통이리니
아들아, 넌 하늘의 또 하나 맑은 별이리니

아들아, 네가 떠난 그날을 기다리며
저 밤하늘의 무수한 별들을 세며
널 그리고, 그리고, 또 그리워한다.
아들 범아, 씨유 인 헤븐!

아들을 먼저 보낸 아비가….

1부.

아들에게
보내는
편지

1. 사랑하는 아들, 범아!

"나는 부활이요 생명이니
나를 믿는 자는 죽어도 살겠고"
(요 11:25).

• • •

네가 이 세상을 떠나고 첫 번째 부활절을 맞이한다. 너만 빠진 채로 축하해야 할 부활절을 말이다. 그런데 우리 그리스도인은 부활을 믿는 사람들이 아니겠니. 마지막 나팔 소리가 역사의 지평선에 울려 퍼질 때, 우리가 모두 부활하여 주님 앞에서 다시 만날 것을 믿는다면, 난 너를 조금 더 일찍 부활시켜 놓고 우리의 세상 이야기를 수다 떨고 싶구나. 못다 한 우리의 이야기들이 남아 있기 때문이다. 사실 네가 한국에 자연 치료를 위해 들어오면 함께 앉아 하고 싶었던 추억의 이야기이기도 하다.

엄마와 난 우리 집에 둘째로 태어난 네가 '야곱 신드롬'을 지닐 것을 예상해 보았다. 첫째가 아닌 둘째이기에 조금은 더 극성스럽고 열정적으로 첫째 자리를 노리는 파이팅이 있을 것으로 기대했단다. 그리고 엄마도 호랑이 태몽을 꾸고 널 낳았다고 해서 네 이름을 '범'이라고 지었다. 물론 이 물질주의 세상에서 황금을 우습게보고 살아가는 초탈한 사내가 되길 원하는 한문 글자의 뜻(釩)도 포함시키고 싶었다.

그런데 예상을 깨고 넌 너무 방실방실 잘 웃고 애교를 부려 우리에게 웃음을 주는 아이로 자라 갔단다. 그리고 의외로 넌 형과도 싸우지 않고 오히려 형을 웃겨서 네 뜻을 관철하는 지혜를 발휘하곤 했지. 초등학교 시절 전교 부회장에 출마하면서 오히려 형을 선거 위원장으로 부려먹으며 네 꿈을 관철하기도 했다. 너는 공부만 잘하기보다 야구, 농구 등 스포츠 경기로 스트레스를 해소하는 전인적 스타 인생을 지향하곤 했다.

때로는 빈 교회당에 들어가 아빠가 설교하는 모습을 흉내 내서 너희 엄마와 함께 '저놈이 아빠 뒤를 잇는 설교자가 되려나' 하는 은근한 기대를 가져 보기도 했단다. 그러나 난 네가 반드시 아빠의 목회 인생을 따라올 필요는 없다고 생각했다. 그래서 성령님의 강권하심이 없는 한 너에게 그런 압력은 일체 주지 않기로 했단다. 목회가 얼마나 지난한 자기 절제와 자기 연마를 요구하는 삶인지를 누구보다 내가 잘 알고 있었기 때문이지.

넌 둘째답게 가끔은 신경질도 잘 내고 말대꾸도 잘했으며, 나와 종종 말싸움을 할 때면 자기 논리를 펴면서 곧잘 철학적인 질문도 던지곤 했다. 난 그런 너의 모습이 대견해서 네가 뭐가 되더라도 결코 평범한 일상만으로 만족할 인생을 살진 않을 것으로 생각했다. 그래서 네가 대학 진학을 앞두고 철학과를 가겠다고 했을 때 도전할 만한 선택을 했구나 하고 생각했단다. 가끔 도발적 질문으로 아빠를 당황시키던 그 실력을 발휘해 주기를 기대하면서 말이다.

그 후 드디어 네가 법률을 전공으로 한 직업으로 대학원 과정을 선택한다고 했을 때는 너무나도 기뻤단다. 이제 정말 자기 소명의 길을 가게 되었구나 생각했기 때문이지. 한동대학교 법률대학원 시절, 공부하는 것이 너무 재미있다고 해서 엄마와 난 얼마나 감사했던지. 너무 열심히 공부하다 병이 나 병원에 입원한 너를 보고 걱정도 되었지만, 네 파이팅 스피릿에 정말 감사했으며, 넌 무엇을 하든 꿈을 따라 살아갈 거라고 믿게 된 계기가 되었다.

부활절을 앞둔 오늘, 분당 탄천에는 진달래, 목련, 벚꽃, 버드나무, 온갖 꽃들이 부활하고 있다. 우리 아파트로 오는 지하 터널에 새겨진 도종환 시인의 시구 한 대목이 유난히 눈에 박힌다. "숨길 수 없는 숨길 수 없는 가슴 속 홍매화 한 송이"(《사랑의 마을에 꽃이 진다》(문학동네), '홍매화'에서). 너라는 존재가 내게 마치 오늘은 부활한 홍매화처럼 내 가슴 속에 부활하고 있다.

아들 범아, 넌 오늘 주님 품 안에서 잘 있겠지…. 그냥 안식하고 있니? 아님 주님 심부름으로 봄이 오는 계절의 신비의 사역을 섬기기라도 하고 있을까?

2. 추억의 앨범 속의 범아!

"삶이 그대를 속일지라도 슬퍼하거나 노여워하지 말라 …
슬픔은 순간처럼 지나고 지나간 모든 것은 그리워지리니."
- 알렉산드르 푸시킨(Aleksandr Sergeevich Pushkin)

• • •

범아, 아빠가 미국 워싱턴 제일침례교회(후일 워싱턴 지구촌교회로 개명)
목회로 이민 생활을 시작하며 넌 유치원생, 너의 형 황은 초등학
교 1학년으로 미국 생활을 시작하게 되었지. 너희들 이민 생활의
첫 번째 고난은 너희들의 이름이었다. 아빠가 깊이 생각하지 못하
고 지은 이름으로 인한 고난 말이다. 황은 아이들이 '왱'이라고 놀
린다고 했고, 넌 네 이름 '범'(bum)이 영어로 바보, 거지인 줄 모르
고 지은 것이냐고 항의했었지.

  사실 황의 한문은 '밝을 황'(晃)으로 날마다 빛 되신 주님만 바
라보며 살아가기를 기대한 것이었고, 네 이름의 한문자는 '떨칠
범'(釩)으로 황금을 초연하게 보는 인생을 살라고 지은 것이었지
만, 서양 아이들이 그 뜻을 모르니 너희들이 애매한 고난을 당할

수밖에…. 그래도 내가 미안해서 변명 삼아, 네 아빠가 교인들 심방 다니느라 이 집 저 집 늘 다니며 밥 얻어먹으니 네가 거지 아들인 것은 일리 있는 말이라고 했단다. 그랬더니 네가 씩 웃으며, 그럼 오늘부터 아빠는 시니어 거지, 난 주니어 거지라고 말해 우리 모두를 웃긴 일이 생각난다.

작은 아파트에 살면서 교인들 심방을 가면 너희가 그 집에 지하실이 있느냐고 늘 확인하고 따라와 어른들이 거실에서 예배하고 식사하는 동안 그 집 지하실에서 아이들과 놀던 생각이 나는구나. 조금 더 커서는 아예 우리가 심방하는 동안 너희들은 친구들 집을 순례하며 눈칫밥을 먹는 PK(Pastor's Kid, Problem Kid[실은 No Problem Kid])로 자라 주었지.

형은 사색형이고 우울질이었지만, 넌 활동형에 다혈/담즙질(넌 범질이라고 했지)이어서 공부보다는 스포츠와 친구들과의 어울림을 더 즐겨 하고, 교회에서도 연극이나 음악 활동에 빠지지 않던 모습이 제일 인상적이었다. 사실 아빠는 목회로 바빠서 너희와 자상한 대화를 나누기보다는 아침저녁 밥상머리 잔소리가 자녀 교육의 전부였던 것이 지금 많이 후회가 되는구나. 그래서 엄마는 내게 늘 가정생활 세미나 수정 증보판을 내라고 했단다. 아빠가 가정생활 레슨을 말로만 한다는 정당한 비판이었지.

너와 네 형을 목사 가정 울타리 안에 그리고 교회 안에 머물게 하는 것만으로 너희가 믿음의 사람으로 자라 주기를 기대한 것은 전적으로 나의 미숙한 판단이었음을 회개한다. 네가 고등학생 때 처음 멕시코로 단기 선교를 다녀온 것이 네가 진지한 믿음을 붙잡은 때가 아니었나 싶다. 그때 넌 전갈에 물려 병원에 실려 가기도 하고, 최악의 가난 속에 살아가는 사람들의 모습을 보고 충격을 받기도 하고, 또 병든 이를 위해 기도하다가 일어나는 기적을 보며 진지한 인생, 진지한 믿음을 경험한 듯했다. 그래, 그래서 젊은 날의 고생은 보약이라고 하는가 보다.

그래도 10대 시절의 미국 생활 추억 속 앨범의 넌 한없이 밝고 티 없이 맑은 내 아들이었다.

3. 여행길에 미소 짓던 범아!

"우둔한 사람은 방황하고
현자는 여행한다."
- 토머스 풀러(Thomas Fuller)

. . .

아빠와 엄마는 너희가 성장 과정에서 한국인의 정체성을 상실하고 자라게 될 것을 가장 염려했단다. 그래서 경제적으로 부담이 적지 않았지만 미국에 사는 동안 여름 방학이면 꼭 한국에 와서 한국 초등학교가 방학하기 전까지 교실 뒤편에 앉아 수업에 참여할 수 있도록 신경 썼다. 그리고 두어 달이라도 한국에서 할머니, 할아버지와 시간을 보내도록 했으며, 동네 골목길을 서성거리며 한국 친구들과 어울리는 시간을 가질 수 있도록 노력했다. 그래서 너희가 비교적 한국어를 잊지 않는 코리안-아메리칸(Korean-American)으로 자랄 수 있었지.

그러다 보니 너희와의 여행의 추억은 대부분 미국과 한국을 비행기로 오간 기억들뿐이구나. 그런데 돌이켜 생각하면, 너희가 한국 가는 것을 한 번도 거부하지 않은 것을 보면 분명 너희 속에 한국인의 DNA가 잠재하고 있어 한국 여행을 즐거워한 것으로 보인다. 그 결과 소위 교포 아이들보다 유창한 한국어를 구사하고 한국 문화를 흡수한 것으로 생각된다. 음식도 양식과 한식을 구별 없이 잘 먹었고, 그래서 거의 정확하게 반 한국인, 반 미국인(half-Korean half-American)으로 자라날 수 있었지.

가장 긴 여행은 너희의 10대 시절에 함께한 유럽 여행으로 추억된다. 파리 이상구 목사님 내외와 함께 독일, 프랑스, 이탈리아 등을 여행한 것이 진한 추억으로 남아 있구나. 아직 너희가 자연과 역사를 충분히 즐길 준비가 되어 있지 않은 탓으로 조금은 부모 중심의 여행이었는지 모르겠지만, 멋있는 경치가 나와 환호성을 내면 미리 소리를 지르며 오히려 부모를 즐겁게 한 너희들의 현명함이 기억되는구나. 그럼에도 불구하고 로렐라이 언덕에서, 라인 강의 황혼에서 그리고 파리 미술관에서 끊임없이 아빠의 일방적인 설명을 기피하지 않은 너희에게 뒤늦은 감사를 전해야겠구나.

앨범을 뒤지다 보니 유럽 여행 사진이 제일 많이 눈에 띄는 것을 보면서, 역시 사람들 말대로 남는 것은 사진이란 말이 실감이 난다. 그리고 너희와 추억의 대화를 나누다 너희 입에서 유럽 여행 이야기가 튀어나오는 것을 보면 그런대로 유럽 여행은 함께함의 의미를 남긴 듯하다.

너희의 입장에서 추억하면 훨씬 재미있었던 것이 미국 국내 여행이었을지 모른다. 워싱턴에서 플로리다 올랜도 디즈니월드까지의 가족 여행 말이다. 외사촌이자 지금은 치과 의사가 된 영훈 형과 함께 밴을 빌려 여기저기 다니며 모텔을 전전해야 했던 그 시절 수많은 에피소드가 떠오르는구나. 특히 차 안에서 누군가 방귀를 뀌었을 때 범인을 찾아내기 위해 벌였던 설전이 제일 먼저 떠오른다. "누가 바람을 깨뜨렸어? 누가 두 다리 사이에서 폭발했나?"(Who broke the wind? Explosion between two legs?) 그래도 가족이어서 즐겁고, 가족이어서 모든 것이 용서가 되던 우리의 함께함은 지나고 보니 먼 훗날의 추억을 위한 흔적 만들기였는지도 모르겠다.

범아! 이 모든 여행에서 대화의 위기가 발생할 때면 넌 특유의 유머나 고함으로 상황을 정리하곤 했다. 지나고 보니 여행하기를 잘했다는 생각이 든다. 우리는 방황한 것이 아니라, 여행으로 가족의 관계와 그 의미에 색깔을 입히는 눈부신 작업을 하고 있었다고 추억된다. 아, 그리운 옛날이여! 그러나 너희를 데리고 성지 순례를 가서 아빠가 친히 가이드를 하지 못한 것은 진한 후회로 남는구나. 너희와 떠나는 성지 순례…. 그것은 아빠의 못다 한 버킷 리스트 No. 1이었음을 이제라도 알리고 싶다.

4. 자유와 책임의 사람, 범아!

> "그리스도께서 우리를 자유롭게 하려고 자유를 주셨으니
> 그러므로 굳건하게 서서 다시는 종의 멍에를 메지 말라 …
> 그러나 그 자유로 육체의 기회를 삼지 말고
> 오직 사랑으로 서로 종노릇하라"
>
> (갈 5:1, 13).

. . .

사랑하는 아들 범아, 아빠가 그리스도인이 되고 목회자가 되어 리더십의 자리에 부름을 받으면서 제일 심각하게 묵상한 것은 바울 사도의 갈라디아서 5장 1절과 13절 말씀이었단다. 1절은 자유를 강조하고, 13절은 책임을 강조하는 말씀이 아니겠니. 1절은 흔히 그리스도인의 자유의 대헌장, '크리스천 마그나 카르타'(Christian Magna Carta)로 불리지. 그러나 그 자유가 방종이 되지 않기 위해서는 반드시 13절의 사랑의 섬김으로 책임을 다하라는 말씀을 함께 기억해야 한단다.

그러다 보니 자연스럽게 아빠는 가정에서나 교회에서 이 '자유와 책임'을 나의 리더십의 스타일로 많이 강조하게 된 것 같다. 아빠와 함께 일하다가 떠난, 부목사였다가 이제는 여러 교회에서 담

임 목사로 일하는 동역자들이 아빠의 리더십으로 지금도 기억하는 것이 이 두 단어, 자유와 책임이라고 한다. 나는 일일이 행동을 규제하면서 사람을 통솔하고 제약하는 리더십을 별로 좋아하지 않았다. 할 수 있다면 충분한 자유를 주어 그 자유의 공간 안에서 창의성을 발휘하는 동시에 책임을 다함을 보고 싶었단다.

이런 생각과 철학이 가정에서 너희를 양육할 때도 반향된 것으로 보인다. 또 아빠는 새벽부터 밤까지 교회 일로 바쁘게 다니다 보니 너희에게 잔소리할 여유도 없어 자녀 교육에 한해서는 엄마에게 일임할 수밖에 없었다. 그런데 엄마도 화가이면서 자유인의 기질이 많아 너희에게 일일이 지시하고 가르치는 스타일이 아니다 보니, 우리의 부모로서의 교육은 거의 자유방임에 가까웠던 것 같다. 그러나 아빠나 엄마 모두 책임만은 철저하게 이행하는 삶을 중시했었지. 책임을 감당 못 하는 것은 인간됨이 아니라고 생각했단다. 더욱이 그리스도인답지 못하다고 생각했지. 그래서 간헐적으로 너희가 성장 과정에서 책임을 다하지 못하는 모습을 보일 때면 심각하게 꾸중하고 책임을 물었던 기억이 떠오른다.

그래서 그랬나? 범아, 네가 자라 가는 과정, 특히 공부할 때도 보면 너의 나아갈 길을 확실히 찾지 못하던 때, 네가 한동안 거의 공부를 포기한 사람처럼 방황할 때, 아빠나 엄마가 속으로 얼마나 걱정을 많이 했는지 모른다. 그러나 일단 갈 길을 찾은 너는 침식을 잊고 공부에 열중해서 법률대학원을 일등으로 졸업하고 국제 변호사 시험에 단번에 합격하기도 했지.

로펌에 취직한 후 서너 곳에서 일하는 네 모습을 회상해 보면, 넌 정말 열심히 배우고 일하는 책임감의 사람이었다. 그리고 그 바쁜 직장 생활을 하면서도 집에 돌아오면 네 아내를 돕고, 특히 네 아들 재성(Jayden)과 잘 놀아 주던 모습을 보면 결국 너는 아빠가 가르친 이상으로 자유와 책임의 사람이 된 듯하다.

그래, 넌 자유의 아들이었다. 그러나 동시에 넌 책임을 다한 아들이었다. 난 너를 자랑스럽게 여긴다(I am proud of you). 그리고 널 내 아들로 주신 주님에게 감사를 드린다.

5. 믿음의 아들, 범아!

"믿음이란 믿음이 있는 사람에게는 설명이 필요 없고,
믿음이 없는 사람에게는 설명이 불가능하다."
- 토마스 아퀴나스(Thomas Aquinas)

. . .

토마스 아퀴나스의 말처럼, '믿음이란 설명이 불가능한 것'인지도 모른다. 특히 가까운 가족에게는 더욱 그런 것인지도 모르겠다. 그럼에도 불구하고 아빠는 너와 너의 형을 믿음의 사람으로 키우고 싶었다. 나에게 믿음이 가장 중요한 가치라면, 이 중요한 가치를 내가 가장 사랑하는 사람에게 전수하는 것은 너무나 당연한 일이기도 하기 때문이다. 그러나 그것을 이행하는 과정이 그렇게 쉽지도 않았고, 꼭 성공적이지도 않았음을 먼저 고백해야만 하겠다.

범아, 너희가 어렸을 때 아빠와 엄마는 하나님의 구원 계획에 대해 여러 차례 설명하고 너희가 영접 기도를 하도록 했다는 것을 상기시키고 싶다. 주로 복음주의권에서 많이 사용하는 네비게이토식의 전도지나 나중에 너희가 조금 더 커서는 '생명의 다리'(bridge of life)를 가지고 그림을 그려 가며 설명했었지. 아빠가 세계 여러 나라의 사람들을 상대로 수많은 교회에서 설교를 했지만, 내 아들들이 구원을 받지 못한다면 아빠의 모든 사역은 의미를 상실한다고 생각했었기 때문이다.

그래서 대체로 너희는 기독교 신앙에 관해서는 큰 회의 없이 자라 간 것으로 기억된다. 하지만 인간의 내밀한 심성을 투사하지 못하는 한 너희가 얼마큼 믿음의 내용을 붙잡고 사는 사람인 줄 누가 감히 판단하겠니? 다만 아빠의 기억 속에 남은 믿음의 명장면 몇 컷이 생각나는구나.

먼저는 너희가 초등학교 입학 전이라고 생각된다. 충북 옥천에서 오정현 목사님이 인도하는 내수동교회 대학부 수양회 강사로 가서 첫 집회부터 강력한 성령의 역사로 학생들이 회심했을 때의 일이다. 그때 너희를 데리고 갔었는데, 이 대학생들의 회심을 보고 나 자신도 충격을 받아, 강사실로 돌아와 다시 너희를 붙들고 구원의 점검을 했던 기억이 난다. 예수님을 영접했다면 그분은 지금 너희 마음 안에 분명히 계시다고 확인하면서 가족이 함께 우리 가정에 오신 주님을 찬양했던 기억 말이다.

또 한 번은 초등학생 때라고 생각되는데, 여름에 한국에 왔다가 너희를 데리고 C.C.C. 여름 수양회 강사로 갔을 때의 일이다. 지리산이었던 것으로 생각되는구나. 억수로 비가 퍼붓는데 수천의 청년들이 아무도 움직이지 않고 아빠의 설교에 경청하는 모습을 보고 너희가 상당히 충격을 받은 듯했었다. 그날 밤 강사 방에서 함께 기도하며 신앙의 위대함을 설명하고, 그런 신앙 때문에 우리 선배들 중에 순교한 사람들도 있었다는 내 말을 상당히 진지하게 받아들이는 너희의 모습이 또한 대견스럽게 느껴지는 순간이었다.

그리고 그다음은 네가 고등학생 시절 멕시코 단기 선교에서 돌아온 모습을 난 잊지 못한다. 단기 선교 중 전갈에 물렸다가 병원에서 치료받고 살아 온 기억, 그 극빈의 사람들과 어울려 살아 본 경험 그리고 거기서 멕시코인을 위해 기도했을 때 거의 실명한 사람이 눈 뜨는 것을 본 체험이 너의 인생을 진지하게 만들었던 것이다. 넌 그 후로 집에서 식사 때 반찬 불평을 하지 않았고 교회에 가는 것을 마다하지 않는 변화가 있었으니까.

그다음 너의 믿음에 대한 추억은 네가 한동대 로스쿨 재학 시절, 지구촌교회 영어 중·고등부 전도사님이 갑자기 교회를 떠나서서 그해 여름 동안 네가 설교자로 섬겼을 때의 일이다. 난 너의 설교 원고를 보고 깜짝 놀라지 않을 수 없었다. 나무랄 데 없는 훌륭한 설교였기 때문이다. 넌 그때 빙그레 웃으면서 설교자 아빠의 마음을 이해하겠다고 말했지. 그러면서 다시 이렇게 말했다. "하지만 아빠, 내가 설교자가 되리란 기대는 하지 마세요. 내가 갈 길은 법조인의 길이에요." 그때 내가 한 말 기억하니? "그래, 중요한 것은 믿음의 사람이 되는 거야. 너, 목사 안 되어도 괜찮아. 난 네가 믿음의 아들이 된 것으로 충분히 만족하고, 충분히 행복하다"라고 말했지. 사랑한다. 내 믿음의 아들아!

6. 열정의 아들, 범아!

"열정은 에너지이다. 그대를 흥분시키는 일에 집중하고
그곳으로부터 오는 힘을 느껴라."
- 오프라 윈프리(Oprah Gail Winfrey)

• • •

아들아, 돌이켜 생각해 보면 너의 초등학교 그리고 중·고등학교, 심지어 대학까지 넌 많은 경우 공부에 대해서는 일관성이 없는 학생 같아 때로는 부모로서 혼란스러운 경우들이 적지 않았단다. 너의 형 황의 경우 1-2등만 빼고 상위 그룹에 항상 머물러 평균 A, B를 벗어나지 않는 것이 친구들을 많이 얻고 인생을 평화롭게 사는 것이란 희한한 철학을 갖고 있었지. 그런데 넌 때로는 A를 받다가 때로는 C로 성적표를 채워 부모를 당황시켰다. 그래서 한번은 내가 "너는 Christian이라 그렇게 C를 좋아하니"라고 슬픈 농담을 하기도 했었지.

그런데 공부가 아닌 운동을 하러 나갈 때 그리고 교회 절기나 학교 특활, 연극이나 합창을 하러 갈 때면 넌 완벽하게 다른 사람,

곧 열정의 사람으로 변신하곤 했었지. 어쩌면 이 모든 과정이 너의 진정한 열정의 자리를 찾기 위한 여정이었을지 모르겠구나. 네가 한동대 법률대학원에 조건부로 합격한 후, 넌 갑자기 평생 못한 공부를 한꺼번에 하려는 듯 열정을 불태우더니 공부하다 입원도 하고, 마침내 넌 'summa cum laude', 곧 최우등으로 졸업을 했더구나.

졸업식장에서 설교를 하고 이후 순서에 따라 여러 상을 수여하던 중 네 이름이 갑자기 불렸을 때, 아빠는 심장 마비에 걸릴 뻔했다. 상상 못한 일이 일어났으니까. 그러나 그날 아빠의 참된 기쁨은 네가 너의 소명을 발견한 것을 알게 된 기쁨이었단다. 네가 더 이상 방황할 필요가 없음을 알았기 때문이었지. 너는 진실로 법을 공부하는 것을 좋아했고, 법을 통한 정의의 실현을 네 삶의 목표로 갖게 된 것을 그 후 네가 학교 잡지에 투고한 글로도 확인할 수 있었다.

뿐만 아니라 범아! 넌 대학원에서 학생회장이 되어 학교와 교수님들 그리고 친구 동료들을 멋지게 섬김으로 너의 리더십을 증명했더구나. 졸업 후 단번에 국제 변호사 자격시험을 통과하고 한국 굴지의 로펌 '율촌'에 입사한 것도 너의 열정이 불붙기 시작한 모습이었더구나. 한국의 법무법인 '율촌', 미국 스포츠 회사 'EA' 그리고 유명 통신회사 'AT&T'에서 넌 네가 하는 일을 진정으로 즐거워하고 좋아한다고 했었지. 세상에 자기가 하는 일을 그렇게 좋아하는 사람이 얼마나 되겠니?

　직장 일을 열정으로 감당하며 넌 너의 직업 능력의 향상을 위해 USC 법률대학원에서 다시 공부했었더랬지. 그리고 언젠가 내게 말하길, 대학에서 철학을 너무 적당하게 공부한 것이 후회된다고 했었다. 그리고 주님이 허락하시면 그 어느 날 정말 학문으로 철학을 다시 공부하고 싶다고, 아빠가 좋아하는 영국의 그리스도인 작가 C. S. 루이스(Lewis)를 너도 진심으로 좋아하게 되었다고 그랬지. 그의 논리와 그 논리의 배후에 존재한 그의 믿음, 그의 인격이 너를 매료시켰다고.

　그래, 우린 이제 정말 고상한 지성의 언어로 우리가 함께 사랑하게 된 예수 그리스도를 말하게 되었구나. 옛날 믿음의 철학자 파스칼(Blaise Pascal)이 "확신… 기쁨… 평화… 그는 철학자의 하나님, 신학자의 하나님이 아니다. 아브라함의 하나님, 이삭의 하나님, 야곱의 하나님"이라고 말한 고백에다가 덧붙여 "너의 하나님, 나의 하나님, 아빠의 하나님, 범의 하나님"이라고 큰 소리로 고백하고 싶었다. 이제 너의 열정과 나의 열정이 함께 안식처를 찾은 것일까? 내 열정의 아들 범아, 사랑한다. 진심으로 사랑한다.

7.   유현의 사랑, 범아!

"결혼하라. 그대는 후회할 것이다.
결혼하지 말라. 그래도 후회할 것이다."
- 쇠렌 키르케고르(Søren Kierkegaard)

• • •

범아, 청년 시절 나는 한때 실존주의 철학자 키르케고르의 글에 빠져 있었던 때가 있었다. 그의 책《이것이냐 저것이냐》에서 위의 결혼관을 읽고 나도 한때 결혼의 딜레마에 사로잡혀 갈등을 했었지. 하지만 결국 너의 엄마를 만나 결혼을 했고, 키르케고르의 예언과 다르게 후회함이 없는 결혼 생활을 할 수 있었다. 나의 결혼 생활 중 어려움의 시기가 있었다면 그것은 전적으로 아빠의 책임이지, 엄마의 책임은 아니었다고 생각한다.

나는 굴곡이 심한 인생행로에서 그래도 이만큼의 보람과 의미를 거둔 삶을 누릴 수 있었던 것은 나보다 훨씬 더 마음이 정갈하고 여유로운 엄마를 만난 까닭이라고 믿고 있다. 그래서 자연스럽게 네가 대학원 공부를 마칠 무렵, 너도 엄마 같은 좋은 파트너를 만나 가정을 이루는 것을 보고 싶었다. 그러던 중 네가 집안사람의 중매와 교제를 통해 유현을 결혼상대로 만나게 되었을 때, 우리 부부는 너무나도 기뻤고, 마음 깊은 곳으로부터 축복할 수 있었다.

당시 한동대 법률대학원을 졸업하던 너와 이화여대를 졸업하고 한동대 법률대학원에 입학하게 된 유현과의 만남은 아무리 생각해도 신묘막측한 하늘의 섭리였다고 생각한다. 만나고 보니 유현의 외할아버지와 외할머니는 이미 나의 할머니, 그러니까 너의 증조할머니와 지인 관계였더구나. 그리고 내 동생 이동춘 목사(시인)는 유현의 외할아버지인 건양대 김희수 총장님의 학교 일을 돕고 있었고 말이다. 이런 지인 관계의 인연에다가 둘은 자석처럼 끌렸더구나.

대부분의 부부가 그런 성향을 보이는 것처럼 서로 기질이나 성격이 다른 사람들이 만난다고 하지. 다르기에 자신의 부족함을 메우려는 본능이 나와 다른 너에게 끌리는 것인지도 모르겠다. 너의 다혈/담즙질과 유현의 우울/담즙질의 만남은 어쩌면 완벽한 조화(perfect harmony)였을 것이다. 너는 아빠 차를 빌려 강릉까지 가서 그녀 앞에 무릎 꿇고 장문의 연서와 함께 환상적인 프러포즈를 했다고 했지. 아빠 세대는 꿈꿀 수도 없었던 그런 프러포즈. 그런 네가 부러웠단다.

그리고 아빠가 주례한 지구촌교회에서의 결혼식. 누구도 부러

위할 만한 왕자와 공주의 만남이 아니겠니. 그날 나의 주례사 편지는 의례적이긴 했지만 성경적 가정관의 비전을 부탁하는 나의 기도였단다. 그렇게 시작된 너와 유현의 새 인생, 하와이 신혼여행과 신혼 가정생활…. 때로는 너희의 티격태격하는 사랑싸움까지도 아빠와 엄마의 눈에는 로맨틱한 소꿉장난처럼 보이기만 했었다. 아빠와 엄마는 너희의 하나 됨을 위해 둘에게서 거리를 지키고자 노력했단다. 잘됐는지는 모르겠지만 말이다. 이제 넌 아빠의 사랑이 아닌 유현의 사랑이 되어야 하리라고 믿었기 때문이다.

유현의 사랑 범아, 사랑한다! 범의 사랑 유현아, 사랑한다!

8. 내 손자의 아빠, 범아!

"손자는 노인의 면류관이요
아비는 자식의 영화니라"
(잠 17:6).

. . .

범아, 네가 가정을 이루고 아들을 얻었을 때 그 갑절의 기쁨은 나의 것이었단다. 왜냐고? 네 아들이 태어나는 날, 넌 아빠가 되었지만 난 할바가 되었기 때문이다. 그러니까 넌 내게 할바가 되는 기쁨을 선물한 것이었다. 한국 이름은 재성이고, 영어로는 Jayden이라고 지었구나. 재성은 '있을 재'(在)와 '이룰 성'(成), 존재 자체가 성취가 되는 인생, 영어의 의미는 쾌활하고 창조적인 인생, 아빠 범을 닮은 또 하나의 분신이로구나.

난 할바가 되고 재성이를 손자로 얻고 나서 비로소 세상의 모든 할바, 할마들의 손자, 손녀를 향한 조건 없는 사랑의 고백의 의미를 알게 되었단다. 오죽 손자가 좋으면, "이렇게 좋을 줄 알았으면 아들 낳지 말고 직접 손자를 낳을 걸" 하며 농담을 했을까 말이다.

그런데 실은 아들과 딸은 양육의 책임이 따르게 되어 긴장 관계가 존재하지만, 손자와 손녀는 책임 없이 즐기는 관계이기 때문일 거다. 그래, 내겐 무조건 즐김의 대상이 태어났지만, 네게는 거룩한 숙제가 탄생한 것이다.

재성이를 보면 쾌활하고 창조적이면서 약간 변덕스럽기도 한 게 이름 탓일까? DNA 탓일까? 그런데 넌 어떻게 그런 아들을 엄청난 인내심을 갖고 잘 돌볼 수 있단 말이냐? 직장에서 집으로 돌아온 시간 그리고 휴일에 너의 1차 우선순위는 아들과 어울리는 것이었다. 그 수많은 정교한 레고 조각들을 함께 맞추면서 큰 소리 한 번 안 내고 성취해 내는 끈기를 보고 난 감탄할 수밖에 없었단다. 범, 내 아들아, 넌 아빠보다 열 배, 백 배 훌륭한 아빠였다.

그래서 잠언 기자의 명언처럼 재성이는 내게 면류관과 같은 존재지만, 넌 네 아들의 영광이었다. 네가 천국 간 것을 재성이에게 알리면서, "그래도 넌 할바도 두 명이고 할마도 두 명이야"(외가, 친가 합해서) 하니까 재성이가, "하지만 내게 이제 아빠는 제로(zero)야"라고 말하던 그 기막힌 슬픔의 순간을 어떻게 잊을 수 있겠니? 그래도 넌 네 아들이 초등학교 2학년까지 그 진한 아빠의 사랑과 돌봄이란 추억을 남길 수 있어 불행 중 다행이라고 생각한다.

인생의 초기 단계에 어린아이로 누군가를 의지하고(dependent) 성장하다가 우리는 중년 후기에 이르기까지 어느 정도 독립적인(independent) 인생을 살게 된다. 그러나 몸과 맘이 연약한 노인이 되면 우리는 다시 누군가의 도움을 받아야 하는 의존적(dependent) 인생으로 돌아가게 되지. 그때 의존적인 두 인생이 만나는 환상의 조합이 손자와 할바가 아니겠니? 손자의 편이 되어 줄 할바 그리고 할바의 잔소리를 경청해 주는 손자. 그 신비의 선물을 넌 내게 안긴 것이다. 고맙다, 참으로(Thank you indeed). 내 손자의 아빠, 범아!

9. 내 아들, 암 환자 범아!

"암과 싸우지 마라."
- 곤도 마코토(Kondo Makoto)

· · ·

일본 의학계에 도전적 질문을 던진 곤도 마코토 박사는 "암으로 고통 받다가 죽는 것은 암 때문이 아니고 암 치료 때문이다"라고 주장한다. 범아, 네가 이 세상을 떠난 후, 난 결과적으로 그의 말이 옳았다고 생각하게 되었다. 암의 치유란 것은 없고 관리의 필요만이 존재한다는 말도 동의하게 되었구나.

고성에서 암 환자 치유 사역을 하는 아둘람 공동체 신갈렙 선교사의 말처럼, "암, 투병하면 죽고 치병하면 산다"는 것도 이해가 되었다. 2020년 2월, 네가 대장암 4기 진단을 받고 수술한 후 불과 8개월이 지나지 않은 10월 9일(미국은 8일) 세상을 떠나기까지 너의 투병은 시작되었다. 지금 와서 후회되는 일이지만, 네가 투병하지 않고 치병했으면 얼마나 좋았을까?

사실 수술 후 10차례 이상의 그 지독한 항암 치료, 다시 4차례의 표적 치료를 하면서 우리는 네가 겪은 말할 수 없는 고통의 방관자가 된 것 같아 슬프고 죄스러웠다. 내가 널 대신해서 아팠으면 좋겠다는 생각을 여러 번 했단다. 그래도 엄마가 네 곁에 가서 4개월 동안 널 지킬 수 있었던 것은 은혜였다고 생각한다.

사실 너나 우리나 의학적 치료를 감수하는 것이 가장 상식적인 길이라 믿고 병원 치료를 수용하면서도 네 상태가 호전되지 않자 우리는 자연 치료 쪽으로 마음이 기울어지기 시작했었다. 황성주 박사도 암 치료 반만 받고 한국에 나와서 자연 치료를 해 보도록 권면했었고. 그래서 너희가 한국에 나오면 아빠랑 엄마도 너희와 자연 속으로 들어갈 준비를 했었단다. 설악산에 가서 이상구 박사도 미리 만났고, 오대산의 아름다운 마을도 추천받아 준비했었지.

그런데 아들아, 어쩌면 그렇게 빨리 떠난단 말이냐? 하긴, 인간의 생명의 연장은 자신도 어쩔 수 없는 것이니 널 원망해도 소용없는 독백일 뿐이겠구나. 넌 표적 치료 후 지친 상태에서 새크라멘토(Sacramento) 인근 위마 인스티튜트(Weimar Institute) 자연 치유를 얼마간이라도 실험하고자 무리해서 떠났었다. 그 여정이 너의 인생의 마지막 길이 될 줄 누가 알았겠니? 새크라멘토에 도착하자마자 넌 쓰러졌고, 넌 너의 마지막 숨결을 붙잡고 마지막 며칠의 싸움을 시작했더구나. 싸우지 말았어야 할 싸움! 기어이 병원 응급실에 실려가 홀로 보낸 고독한 시간, 넌 무엇을 생각하고 무엇을 기도했을까?

우린 한국에서 아무런 도움도 네게 줄 수 없음을 안타까워하며 딱 한 번 국제 통화로 포기하지 말라고, 사랑한다고, 하나님이 너와 함께하심을 믿으라고 소리치며 중보했었다. 우리가 함께할 수 없는 그 순간에 주님이 널 안아 달라고, 품어 달라고, 널 긍휼히 여겨 달라고 구하면서 말이다. 하필이면 왜 네가, 어쩌자고 암 환자가 되었단 말이냐? 오, 주여, *Kyrie eleison*(불쌍히 여겨 주소서)!

_10._ 하늘의 별이 된 아들, 범아!

"네 상처(scar)를
별(star)이 되게 하라."
- 어니스트 플래트(Ernest Platt)

. . .

2020년 10월 9일(미국은 8일). 아, 어찌 그날을 잊을 수 있겠니. 그날은 네가 하늘의 별이 된 날이로구나. 엄마와 내가 로스앤젤레스 공항에 도착해서 전해들은 말, 두 시간 전에 새크라멘토에서 로스앤젤레스 토랜스 집으로 오던 앰뷸런스 안에서 넌 눈을 감았다고, 동행하던 삼촌 이동성 목사가 소식을 전해 왔구나.

토랜스 너의 집에 들어간 지 세 시간 남짓, 앰뷸런스가 도착했을 때 넌 생명이 떠난 몸으로 우리 앞에 있었다. 네 특유의 미소도 보이지 않고 말이지. 다음 날 장례회관으로 가기 전 그날 밤을 넌 네가 남긴 생명 없는 몸으로 우리와 있었다. 정말 영혼이 떠난 몸은 더 이상 너라는 실감이 나지 않더구나.

그래, 네 밝고 활기찬 영혼은 이미 하늘의 별이 되어 주의 품에 안긴 것이겠지. 다만 암의 상처, 그 고통과 작별한 것은 감사하게 생각되었단다. 하지만 우리 식구 모두 너의 실체가 아닌 너의 주검 앞에서 당황한 채로 보낸 그 창백한 밤의 고독을 어떻게 잊을 수 있을까. 불러도, 불러도 대답 없는 나의 아들 범아! 너, 진짜 넌 어디 있니?

옛날 믿음의 조상 아브람이 하나님으로부터 상속자의 약속을 다시 확인받고 뜰 밖으로 나가 밤하늘의 별을 헤던 것처럼, 나도 그날 밤 밤하늘의 별을 헤어 보았다. 별 하나, 별 둘, 별 셋…. 그 무수한 별 중에 범아, 네 별은 어느 것일까? 토랜스 너의 집 창밖으로 새벽이 밝아올 때까지 난 너의 이름을 부르며 하늘의 별이 된 네 얼굴을 그리고 지우고를 계속했단다.

아비인 나도 아직 경험하지 못한 죽음을 이렇게 먼저 경험한 네 주검 앞에서 난 우리 조상들이 말한 '참척의 고통'을 온몸으로 느끼는 밤이었다. 아, 이 참혹한 슬픔과 고통이여! 내 부친, 그러니까 너의 할아버지를 이 땅에서 보내 드릴 때도 그렇게 아프진 않았단다. 어른을 보내 드림은 순리라고 생각해서 그렇겠지. 그런데 보낼 준비가 안 된 자식을 먼저 보내는 것은…. 오, 주님, 너무 아픕니다!

범아, 정말 넌 이렇게 우리와 작별하는 것이냐? 내 눈앞에 주검으로 누워 있는 넌 네가 아니다. 그래서 새벽하늘을 올려다본다. 내 진짜 아들 범아, 네가 벌써부터 그립다. 보고프다. 너와 말다툼을 하던 그 시절이 눈물겹게 그립다. 너, 왜 대답 안 하니? 하늘의 별이 된 내 아들 범아, 대답 좀 해 봐라.

11. 사망의 골짜기의 영웅, 범아!

"자기의 운명을 짊어질 수 있는
용기를 지닌 자만이 영웅이다."
- 헤르만 헤세(Hermann Hesse)

...

범아, 인생은 고독이 운명인 듯하다. 누구도 나 자신을 대신해서 삶을 살아 줄 수 없고, 누구도 나 자신을 대신해서 죽어 줄 수 없기 때문이다. 그래서 고독은 인생의 운명이다. 그런 인생의 여정에서 가장 고독한 시간은 아마 죽음의 다리를 건너는 때일 듯하다.

내가 토랜스 너의 집을 마지막으로 방문하고 너의 집 뜰에서 월남 포우를 너와의 마지막 작별의 식사로 먹고 있을 때, 넌 내게 "아빠, 맛있어?" 하고 물었지. "그래, 맛있구나" 했더니 너도 맛있게 먹는 듯했다. 허그를 하며, "파이팅, 포기하지 마!" 했더니 넌 유달리 힘차게 포옹하며, "아빠, 기도만 해 주면 돼요" 하고 흘리는 미소에서 난 네 고독을 읽었단다.

그 후 넌 약한 소리 한마디 안 하고 갔구나. 새크라멘토 응급실에서의 며칠은 네 인생의 가장 고독한 시간이었겠지. 그러나 아빠는 그때가 네 고독한 영혼이 주님을 독대하고 주님에게 집중한 시간이었을 거라고 믿는다. 너의 담임 목자였던 김우준 목사님이 한 말을 기억한다. "이범 집사는 연락할 때마다 한결같은 고백, '주님만 바라보고 있어요. 주님만 집중하고 있어요'라는 말을 일관성 있게 반복했답니다."

그렇다면 그때에도 넌 그 주님을 부르며 주님에게 집중하고 있었겠지. 그리고 시편 기자의 고백처럼 "내가 사망의 음침한 골짜기로 다닐지라도 해를 두려워하지 않을 것은 주께서 나와 함께하심이라"(시 23:4)라는 약속을 경험하는 시간이었을 것으로 믿는다. 난 그 고독한 사망의 골짜기를 지나고 있을 너를 상상하며 나의 진정한 영웅인 너의 용기를 기도로 응원하고 있었다.

토렌스 조은교회에서 천국 환송 예배가 금요일 오전으로 결정되고, 그 전날 미국 장례의 전통을 따라 고인의 얼굴을 보는 뷰잉(viewing)을 하기로 했고, 그 후 아무래도 네 혼적(유골)을 네가 태어나고 가족들이 있는 한국에 안치하는 것이 좋겠다는 생각에 네 아내와 상의하고 화장을 결정했지. 로마 비스타(Loma Vista) 메모리얼 공원에서 널 태우기 전에 화장 절차가 시작되는 운명의 단추를 아비인 내가 눌렀단다. 네 영혼은 이미 주님에게로 떠났기에 네가 남긴 옷가지 같은 몸을 재(ashes)로 다시 돌려보내기 위한 의식이었지. 난 용감하게 나의 영웅, 용사인 범을 본래 출발했던 재로 환원

시키는 장렬한 버튼(button)을 비장한 맘으로 눌렀다. 이제 1-2초의
그 짧은 순간, 넌 재가 될 테지. 잘 가라, 나의 영웅, 범아!

12. 예배로 기억된 범아!

"하나님은 영이시니
예배하는 자가 영과 진리로 예배할지니라"
(요 4:24).

• • •

목사가 되어 수많은 예배를 집례하고 인도했지만, 너를 위한 미국에서의 천국 환송 예배와 한국에서의 추모 위로 예배, 이 두 번의 예배는 평생 잊지 못할 예배가 되었구나. 이 두 번의 예배가 없었다면 널 떠나보낸 단장(斷腸)의 고통을 극복하기가 정말 어려웠을 뻔했다.

하나님의 영과 너의 영 그리고 우리의 영이 만난 그 예배의 현장에는 신실하신 주의 종들의 말씀과 그 말씀을 진정성 있게 흡입하는 성도들의 거룩한 응답이 예배의 마당을 하늘의 위로가 임하는 장으로 만들고 있었단다. 코너스톤교회의 아름다운 찬양, 워싱턴에서 비행기로 날아온 자니, 미첼 목사 등 너의 친구들의 조사, 너를 진심으로 아끼며 위해서 기도해 준 고창현 목사님과 강준민 목사님의 위로 그리고 한동대를 온 마음으로 후원해 온 이종용 목사님의 메시지 그리고 정성을 다한 토렌스 조은교회 김우준 목사님의 섬김으로 우리는 문자 그대로 널 천국으로 보내는 천상의 위로를 경험할 수 있었다.

나는 천국 환송 예배의 현장에서 유가족을 대표해 인사를 드리면서 그 전날 경건의 시간에 주님이 허락하신 〈아들을 보내며 드리는 열 가지 감사〉를 나눌 수 있었다. 과거 여수 순천 폭동 시 두 아들을 잃은 손양원 목사님의 아홉 가지 감사를 기억하게 하셨기 때문이었다. "범사에 감사하라"는 말씀은 이 순간에도 유효하다고 믿었기에 널 내 아들로 허락하신 은혜가 사무치게 감사할 뿐이다.

그리고 한국으로 귀국해서 2주간의 자가 격리 후 열린 지구촌교회에서의 추모 위로 예배는 성령님이 기획하신 또 다른 위로의 마당이었다. 공교롭게도 분당 지구촌교회 본당은 네가 유현이와 결혼식을 한 동일한 장소이기도 했지. 거기서 새 가정을 이루는 서약이 이루어지고, 거기서 천국으로 입성한 너를 기리는 거룩한 말씀이 선포되었구나.

특히 이날의 위로 예배에는 한동대 법률대학원 에릭 엔로우 교수님과 한동대 동문들의 참여가 얼마나 큰 감동이었는지. 너의 특별한 친구 쏘카 창업자 김지만의 특별한 조사로 우린 정말 많이 울었단다. 또한 아빠의 특별한 동역자들인 오정현 목사님, 이재훈 목사님의 기도 그리고 어려서부터 너의 성장의 증인이었던 홍정길 목사님의 특별한 말씀 그리고 이 위로 예배를 코로나 중에도 최선을 다해서 준비한 지구촌 목자 최성은 목사님과 교회의 사랑 때문에 말 그대로 너를 천국으로 환송하는 감동의 예배를 드릴 수 있었단다.

이 두 번의 예배에서 네가 얼마나 소중한 하나님의 사람이었는가가 증명되고 기억되었다. 네 짧은 42년의 삶이 하나님 나라에서 기억될 만한 치열한 인생인 것을 확인한 시간이었어. 네 영어 이름처럼 넌 진실로 하나님의 오른손의 아들, '벤자민'(벤=아들, 야민=오른손)이었다. 그래, 하나님이 널 너무 좋아하셔서 그분의 오른편에 계신 예수님 옆으로 부르신 것일까? 이 예배와 함께 영원히 기억된 내 사랑, 범아! 진심으로 사랑한다(We love you indeed).

13. 유토피아에서 천국으로 간 범아!

"저에게 유머를 이해하는 친절과
풍자를 포용하는 은혜를 주소서."
- 토머스 모어(Thomas More)

...

범아, 미국에서의 모든 작별 의식을 마치고 난 화장된 네 유골을 등산 가방에 짊어지고 귀국 비행기에 올랐단다. 나보다 덩치가 큰 너를 이렇게 작은 가방에 집어넣고 오다니… 이게 말이 되니? 이 것도 네가 좋아하는 유머란 말이냐? 아니면 너희 엄마가 좋아하는 표현, '신의 코미디'(Divine Comedy)란 말이냐?

한국에 도착한 즉시 엄마와 난 가평 필그림하우스로 직행했다. 두 주간의 자가 격리를 위해서였다. 그곳의 내 독서실 서재 한 코너에 작은 박스에 안치된 네 흔적을 내려놓았다. 적어도 두 주간 널 독대하며 묵상하는 만남이 시작된 것이다. 엄마는 안개처럼 아련한 국화꽃을 네 옆에 두고 하루에도 몇 번씩 통곡의 의식을 시작했단다. 부성애가 따르지 못할 모성애의 고통을 난 보았단다.

이 두 주간은 우리 부부에게 꼭 필요한 애도의 시간이었다. 그리고 범아, 너의 고통과 죽음을 진지하게 묵상하는 기도와 독서의 시간이었다. 기도하다가 독서하고, 독서하다가 울며 하나님에게 원망의 기도를 쏟기도 하고 말이다. 마침 내 친구 중 하나가 만화 두 컷을 보내왔단다. 한 컷에는 고통스런 한 사람이 머리를 싸맨 채 '왜'(Why?) 하고 소리치는 모습이 그려 있었지. 아마 내 모습을 풍자한 듯하다. 그런데 그 옆에는 다른 많은 고통 받는 이웃들이 '와이 낫'(Why not?) 하며 절규하고 있었다. 왜 너만 빠지려 하느냐고, 인류의 고통에서 너도 예외일 수는 없다는 메시지였다. "Why not? Why not?"

20여 권의 책들을 읽으며 난 수없는 질문과 항변의 기도를 쏟아내었다. 속 시원한 해답을 얻었다고 생각하지는 않는다. 그러나 이런 정적의 사막에서 네 엄마와 난 조금씩 너를 떠나보낸 슬픔에 적응하고 있었다. 옛날 우리 조상들이 가족을 잃고 삼년상을 조용하게 치른 의미가 가슴에 다가왔다.

지구촌교회 분당 채플에서 교회가 준비한 추모 위로 예배를 마친 후 우리는 네 유골을 들고 유골함 안치를 위해 안성 유토피아 내 지구촌 추모관에 갔다. 왜 하필이면 추모관 이름이 유토피아란 말인가? 옛날 토머스 모어라는 사람이 쓴 책 이름인데 이상향이라는 뜻이지. 그런데 다시 이 단어를 분석하면 그 뜻이 유(not)+토포스(place), 그러니까 '그런 이상향은 없다'는 의미라고 한다.

그래, 범아. 이 세상에 이상향은 없단다. 그래서 우리는 하나님이 예비하신 영원한 천국을 소망하는 거겠지. 그리고 토머스 모어도 너처럼 변호사였구나. 결국 그도 이루지 못한 꿈을 저 천국에서 이루어야 했겠구나. 그래, 넌 네 작은 흔적을 여기에 남기지만, 넌 이미 천국의 사람이 된 거야. 잠시 모든 걸 내려놓고 필요한 쉼을 실컷 누리렴. 주님만 바라보며 말이다. 샤바트 샬롬, 나의 아들아!

14. 범아, 욥의 친구들을 용서한다!

"욥이 대답하여 이르되
네가 힘없는 자를 참 잘도 도와주는구나
기력 없는 팔을 참 잘도 구원하여 주는구나"

(욥 26:1-2).

. . .

이 말씀은 욥이 고난의 터널을 통과하는 동안 그를 위로하고자 접근해서는 오히려 공격하며 그의 힘을 빼고 있었던 친구들에 대한 욥의 고백이란다. 한마디로 그들의 논리는, 욥이 고난을 당하는 것은 이유 없는 일이 아니라는 것이다. 분명히 욥이 잘못한 일이 있어 그를 바로잡기 위해 일어난 일이라는 논리였다. 그들 때문에 욥은 더 무력해지는 삶의 곤고함을 경험하고 있었던 것이다.

변호사 범아, 네가 세상을 떠나자마자 내게도 그런 욥의 친구들의 방문이 있었다. 물론 아빠와 엄마는 수많은 순전한 친구들과 성도들로부터 말로 다할 수 없는 위로와 격려를 받았단다. 그런데 아빠도 잘 모르는 두 사람의 공격이 있었다. 네 천국 환송 예배를 드리는 새벽, 메일로 어떤 여인이 뜬금없이 내가 장애인들을 잘 돌보지 않아 이런 일이 생긴 것이라고, 회개하라고 했다. 또 한 사람은 유튜브로 '이동원 목사의 죄를 물어 아들을 데려가셨을 것'이라는 영상을 올렸다. 물론 내용에선 그 어떤 죄목도 지목하지 못하고 말이다.

범아, 넌 변호사니까 이럴 때 아빠가 어떻게 해야 할지 가르쳐 주려무나. 내 주변에 있는 변호사 지인 중엔 못된 버릇을 고쳐 주기 위해 명예 훼손으로 당장 고발하자는 사람도 있었고, 그렇게 대응할 순 있지만 시간을 많이 써야 하고 마음도 더 아플 거라며 그냥 놔두라고, 유명인을 공격해서 많은 이들이 자기 유튜브에 접속하게 해 돈벌이를 하려는 수단에 불과한데 싸울 가치가 있겠느냐고 하는 사람도 있었다.

범아, 우선 아빠 동생 중 동구 삼촌이 장애인이어서 아빠는 목회 중에 장애인 사역에 각별히 신경을 써 왔잖니. 아빠는 지난 10여 년간 한국밀알선교단 이사장으로 장애인 섬김에 나름 최선을 다했으며, 현재 지구촌교회 장애인 복지 사역은 아주 모범적인 모델 사역이 되어 있단다. 난 그 여인이 무슨 마음으로 그런 편지를 쓴 것인지 이해가 안 되는구나. 무엇보다 장례식 아침으로 날짜를 잡아 그런 메일을 쓰는 인간의 악함이 내 영혼을 슬프게 적시는구나.

그리고 범아, 넌 이미 아내를 만나 독립해서 한 가정을 이룬 가장인데, 하나님이 아빠인 나의 죄로 독립한 가장인 네 생명을 거두어 가신다는 논리, 이게 말이 되니? 이런 무례와 몰상식한 인간들이 그리스도인임을 자처하기 때문에 한국 교회가 욕을 먹고 있는 것 아니겠니? 물론 하나님 앞에서는 내가 전적으로 깨끗하다고 자처하기 어렵지만, 나 때문에 널 데려가신다니…. 성경의 하나님은 그런 하나님이 결코 아니라는 것, 너도 동의하지?

정말 감정으로는 당장 이런 인생들을 고발하고 싶었지만, 한편 이것도 하나님의 궁극적 주권 아래 허용된 일이라면 나를 빚어 연단하시는 하나님의 손길로 수용하는 것이 최선이라 생각되었다. 그리고 너도 그것을 기뻐하리라 생각되었단다. 네 음성이 이렇게 들리고 있었다. "아빠, 용서해 주고 다 잊어버려! 아빠는 해야 할 더 큰일들이 많이 있잖아. 복음 전하고 설교하는 일만으로도 바쁘잖아!" 그래, 네 말대로 그 불쌍한 인생들을 용서하기로 했다. 잘했지, 아들아!

_15._ 범아, 우리 친구들을 축복하자!

"사람이 친구를 위하여 자기 목숨을 버리면
이보다 더 큰 사랑이 없나니
너희는 내가 명하는 대로 행하면 곧 나의 친구라"
(요 15:13-14).

· · ·

범아, 네가 암과 싸우고 세상을 떠나면서 욥의 친구들도 등장했지만, 우리의 참된 친구들도 적지 않게 등장했구나! 사실 그 친구들은 그 수가 너무 많아 그들의 이름을 여기에 일일이 열거하기도 어렵다. 이것은 모두 과분한 하늘의 은혜라고밖에 생각이 안 된다. 은혜(grace)란 말의 성경적 의미가 '받을 자격이 없는 사람에게 베풀어지는 일방적 호의' 아니겠니!

무엇보다 네 목숨을 붙들고 자신들의 목숨이 거기에 달린 듯 중보 기도를 드려 온 수많은 믿음의 친구들을 우리가 잊어서는 안 될 것이다. 물론 그들의 기도에도 불구하고 왜 주님이 너를 저 천국으로 부르셨는지는 전적으로 주님의 주권에 속한 일이고, 하늘이 행하시는 신비한 일이라고 생각할 수밖에 없구나. 그러나 그들

중에 많은 이들이 너를 위한 두 번의 특별한 예배를 경험한 후 네가 주님의 특별한 사랑을 받은 사람이어서, 주님이 널 필요로 해서 부르셨다는 말을 해 주었단다.

네가 암과 싸우고 있다는 소식을 듣고 그 바쁜 중에도 내 사무실에 뛰어와 전도자의 아들이 왜 이렇게 아파야 하느냐며 눈물 흘리며 기도해 준 이랜드 박성수 회장 내외의 눈물이 잊히지 않는다. 네가 암 진단을 받은 날부터 자기 자식의 아픔처럼 아픔을 같이해 준 홍정길 목사님, 전화로 멀리서 암 상담을 해 준 황성주 박사님, 새크라멘토에서 LA로 와야 할 때 에어앰뷸런스(Air Ambulance)라도 구해 보라며 자신의 일처럼 안타까워한 조봉희 목사님을 또한 잊을 수 없구나.

미국에서 천국 환송 예배를 준비하는 동안 자신의 집안일처럼 만사를 제쳐 놓고 도와준 고창현 목사님, 범이의 담임 목자인 김우준 목사님, 찬양 팀 동원 및 병원 방문 등을 세심하게 신경 쓴 코너스톤 이종용 목사님, 수시로 상황을 체크하며 중보한 강준민 목사님 그리고 LA 지역의 수많은 목회 동역자들, LA에 살고 있는 과거 워싱턴 지구촌 식구들이 다 자신의 고통처럼 아파하며 함께 슬픔을 같이해 주었다. 또한 과거 아빠의 보스였던 김장환 목사님은 딸 애설 씨를 미국 장례식장까지 보내어 특별한 위로의 편지로 사랑을 주셨단다.

과거 내가 목회하던 워싱턴 지구촌 임광 목사님은 배익호 목사님을 위시한 대표단을 파송해서 위로해 주었고, 한동대 미주 동문회, 미주 KOSTA 동역자들 그리고 워싱턴에서 비행기로 날아온 너의 친구들, 시애틀에서 날아와 유가족이 되어 준 정현 가족들, 코로나 중에도 교회 비상을 걸어 예배와 문상객들을 섬겨 준 토렌스 조은교회의 아름다운 섬김에 우리는 빚진 자가 되었구나.

한국으로 와서 자가 격리를 하는 동안 용인/분당에서 음식을 싸 들고 불시에 여러 차례 찾아와 격려해 준 송풍호 목사님 내외, 코로나 비상 상황에서 최선의 추모 위로 예배가 되도록 준비하고 마음을 써 준 최성은 목사님, 미국과 한국에서 마음과 사랑을 함께 한 오정현 목사님, 좋은 미국 의사가 연결되도록 애쓰며 기도해 준 이재훈 목사님, 한국 한동대 법률대학원의 너의 동창들과 학장 에릭 엔로우 교수님 그리고 내 사랑하는 지구촌 가족(지구촌 식구들의 이름은 생략함)…. 모두가 나의 참 가족임을 다시 알게 해 주었다.

미국에 갔을 때 환자인 내 아들 범을 바로 만나서는 안 된다고, 2주간 격리가 필요하다고 했을 때, 라스베이거스 사막의 집을 열어 환대하고 함께 기도해 준 의사 이관희 박사님 내외의 수고도 잊을 수 없구나. 한미준 동역자들의 기도와 격려, 지구촌 동역·협력 교회 동역자들, YFC 후배 가족들의 함께 흘린 눈물로 우리는 예수님 안에서 한 가족이요, 예수님의 참 친구들임을 알게 되었단 다. 범아, 하늘에서라도 우리와 함께해 준 친구들에게 감사하고 축복하자꾸나. 하나님이 우리의 모든 친구들을 축복해 주시기를 (God bless all of our friends)!

16. 범아, 네 엄마를 부탁한다!

"그제야 여인상 앞에서 차마 하지 못한 한마디가
너의 입술 사이에서 흘러나왔다. 엄마를, 엄마를 부탁해."
- 신경숙,《엄마를 부탁해》(창비)

· · ·

범아, 아빠는 네가 세상을 떠난 후 그런대로 너 없는 세상에 적응
하는 일에 조금씩 익숙해지고 있다. 여전히 아빠에게는 이런 일
저런 일, 여기저기에서의 설교 요청, 집회 부탁이 많아 가만히 앉
아 아들을 생각하는 시간을 이겨 내고 있는 듯하다. 그리고 주일
이면 경기대 채플에서 설교하고, 책을 펴내는 일도 일상처럼 꾸준
히 감당하고 있단다.

그런데 엄마는 나와 상당히 다른 방식으로 네가 떠난 시간을 견
디고 있는 듯하다. 책을 읽다가, 기도하다가 갑자기 눈물을 펑펑
쏟으며 우는 엄마를 어찌하면 좋을지 모르겠다. 신경숙 작가의 말
처럼 "엄마를 부탁해"라고 주님에게, 아니면 이젠 주님 곁에 있는
너에게 부탁할 수밖에 없구나.

신경숙 작가는 책의 말미에서 미켈란젤로의 '피에타 상' 이야기를 들려주고 있다. 예수님이 운명하신 후, 어머니 마리아가 자신의 아들 되신 예수님을 품에 안고 비탄에 잠긴 채 흐느끼고 있는 조각상 피에타 이야기. 이것은 아들을 먼저 죽음의 자리로 떠나보낸 모든 모성의 고통을 형상화한 것이 아니겠니. 그러기에 그 성모 마리아는 모든 엄마의 고통을 이해한다고 믿은 것이겠지.

아빠는 개신교 목사이기에 마리아에 대한 이해가 가톨릭 신앙과는 다를 수밖에 없지만, 예수님의 어머니 마리아의 고통만은 얼마든지 공감이 되는구나. 마리아는 그 슬픔을 어떻게 견디고 극복할 수 있었을까? 아들 예수님이 걸으셨던 'Via Dolorosa'(슬픔의 길)를 지켜보며 어머니 마리아도 슬픔의 여인이 된 것은 아닐까?

범아, 너도 알다시피 너의 엄마는 매사에 명랑하고 긍정적인 여인이 아니냐. 그런데 엄마가 너를 잃고 슬픔의 여인이 된 듯하다. 성모 마리아처럼…. 사랑하는 아들 범아, 네가 주님 곁에 있으니 엄마를 부탁하면 안 될까? 엄마가 너를 주님에게 완전히 맡기고 옛날처럼 명랑한 엄마로 돌아오도록 말이다.

엄마가 네 병간호를 위해 너의 집에 넉 달 있다가 돌아올 때 네가 엄마에게 "엄마, 한국 가서 아빠에게 잘해 줘!"라고 부탁했다고 들었다. 아픈 중에도 아빠를 생각해 준 네 기특한 맘, 고맙게 받겠다. 하지만 아빠는 오히려 네게 간절하게 소원한다. "네 엄마를 부탁해!"

17. 범아, 네 형을 부탁한다!

"사탄은 보이지 않기에 가공적 존재라고 생각하기 쉽다.
그러나 그는 실재하며 우리의 삶의 혼란과 갈등이 있는
모든 궤적에 개입하고 있다."
- 프리실라 샤이어(Priscilla Shirer)

· · ·

사랑하는 아들 범아, 지난 10여 년간 너에게는 너의 형 황이 적지 않은 부담이 되어 온 것을 잘 알고 있다. 너의 소천 그리고 황의 투병. 정말이지 왜 이런 일을 감내하고 살아야 하는지 아빠에게도 그것은 큰 물음표가 아닐 수 없다. 일찍이 아빠가 젊은 날에 가정 사역, 새 생활 세미나를 시작할 때 누군가 내게 "목사님이 가정 사역을 하시면 사탄은 무엇보다 목사님의 가정을 공격할 겁니다"라고 한 말이 요즈음 귓가에 맴돌고 있단다. 그 공격이 바로 너와 네 형, 황을 향한 공격일지도 모른다는 생각이 날 괴롭히고 있구나.

형이 마음의 병과 싸움을 시작한 이래로 넌 형의 몫까지 감당해야 한다는 압력을 받고 있었던 것을 잘 알고 있다. 어렸을 적 널 그렇게도 잘 돕던 형이 병의 증상으로 널 당황하게 하는 메시지를 보내곤 해서 네가 힘들어했던 것도 잘 알고 있다. 그래도 다혈질 성향의 네가 잘 참으며 형을 한결같이 선대한 것을 감사하게 생각한다.

형은 아직도 더 긴 싸움을 싸워야 할 것 같다. 우리 가족에게 이런 시련을 허용하신 하나님의 섭리를 알 수 없기에 아빠와 엄마도 힘이 빠지고 좌절되는 순간 또한 적지 않구나. 그러나 한편으로 하나님이 지금까지 우리 가정에 베푸신 큰 은혜를 생각하면 불평까지는 할 수 없고, 다시 기도의 허리띠를 졸라매고 인내의 발걸음을 옮기며 주의 긍휼을 구할 뿐이로구나.

히브리서 12장 1절에 보면 이미 믿음의 선한 싸움을 끝낸 구름같이 허다한 증인들이 응원단이 되어 지상에서 싸움 중인 우리를 지켜본다 했는데, 이제 그 응원단원의 하나가 된 너에게 부디 응원을 부탁하고 싶다. 사랑하는 아들 범아, 큰 소리로 "아빠, 엄마, 파이팅!" 하고 외쳐 주면 어떨까? 너의 형에게도 "파이팅!" 해 줄 수 있겠지?

사탄은 우리보다 힘이 세지만 전능하지는 못하고, 사탄은 우리보다 지혜롭지만 결코 전지한 존재는 아니기에 우리는 최후 승리를 보장받은 자들이 아니겠니? 우리는 전능하고 전지하신 하나님에게 속해 있기 때문이지. 그 하나님의 도우심을 믿고 우리의 남은 여정을 여전히 믿음으로 걷고자 한다.

아들 범아, 감사한 소식을 네 아내에게 전해 들었는데, 네가 세상을 떠나기 전에 너의 형이 너에게 메일을 보냈다고 하지. 범이 네가 감기에 안 걸리고 건강을 회복했으면 좋겠다는 메시지였다는구나. 네가 하늘나라로 떠난 후 네 형은 현실을 받아들이지 못하고 지금도 고통스러워하고 있다. 그래 범아, 네 형을 위해 네가 할 수 있는 일이 한 가지 있구나. 하나님 우편에서 중보하시는 주 예수님 곁에서 네가 주님에게 아뢰어 중보하는 일이다. 아들 범아, 네 형을 부탁한다!

_18._ 범아, 아빠를 용서해 다오!

> "용서하지 않는 사람은
> 자기가 지나가야 할 다리를 파괴하는 사람이다."
> - 조지 허버트(George Herbert)

• • •

사랑하는 아들 범아, 난 이미 네가 아빠인 나의 모든 것을 용서했다고 믿는다. 이 글은 아빠인 나 자신의 자유함을 위해서 쓰는 것뿐이다. 돌이켜 보면 부모로서 널 양육하는 과정에서 가진 가장 큰 회한은 감정 통제의 실패였다. 너도 알다시피, 아빠는 다혈질에 성급한 기질을 갖고 있어 무슨 일이든 급히 서두르는 성향이 있었지. 너희를 기다려 주지 못하고 말이다.

무엇보다 너희가 아빠나 엄마가 지향하는 신앙의 가치를 부정하거나 반대로 저항하는 모습을 보였을 때 아빠가 화를 냈던 것으로 기억되는구나. 그럴 때에라도 충분히 인내하며 너희가 왜 그런 태도를 보이는지 묻고 대화를 했어야 했는데 말이다. 아빠가 설교자의 삶을 살다 보니 자연히 너희와의 대화가 필요한 현장에서도 대화보다는 설교만 하려고 했던 것을 미안하게 생각한다.

사실 너희가 자라 가던 시절 아빠가 했던 잔소리 중에는 나도 너희만 한 때에 했던 동일한 실수가 대부분이었다. 아마 제일 많았던 잔소리가 "숙제하고 놀아라"라든가, 친구들과 어울리다가 집에 늦는 경우 "집에 알리고 다녀라"라는 것이었지. 성장기에는 그럴 수도 있는 것인데 가끔씩 필요 이상으로 화를 내던 아빠의 모습이 떠올라 지금 괜스레 더 미안하게만 생각되는구나.

사람은 누구나 궁지에 몰리면 의도하지 않은 거짓말도 할 수 있다는 것을 인생을 살 만큼 살아 본 내가 왜 모르겠니? 그리고 아빠도 그런 실수에서 결코 자유한 존재가 아니었음을 고백할 수밖에 없구나. 그러면서도 너희가 몇 차례 거짓말을 했다고 불같이 화를 내며 야단을 친 기억도 나는구나. 그런 거짓말을 할 수밖에 없었던 너희의 상황을 이해하려는 노력은 안 한 채로 말이다.

너의 학교 성적에 관해 인내하고 인내하다가 충격 요법을 사용해 보겠다는 이유로 네게 막말을 한 기억도 떠오르는구나. 그렇게 한 이유는, 넌 할 수 있는데 하지 않고 있다는 아빠의 판단 때문이었어. 실제로 넌 한동대 법률대학원에 가면서 네 가능성과 실력을 증명해 보이지 않았니. 그렇더라도 너에게 공부에 대한 동기부여는 하지 못하고 형이나 네 친구들과 비교한 것은 전적으로 아빠의 잘못이다. 뒤늦게나마 용서를 구한다.

또한 네가 직장을 갖게 되고 결혼 후 가정을 이루면서는 네가 지닌 사회적 스트레스 때문인지 내 말에 퉁명스런 대답을 하고 성질을 낼 때, 네가 나를 무시한다는 판단이 앞서 내가 말을 끊었던 적이 있었지. 그래서 우리 사이에 냉전의 시기가 있었잖니. 너는 너 나름의 인생의 숙제를 하느라 힘들었을 텐데, 또 결혼을 한 이상 아비를 떠나 너도 한 여인과 독립된 가정을 이룬 것이었는데 널 이론적으로는 떠나보냈으나 마음으로는 떠나보내 주지 못한 나였구나. 아들아, 철이 늦게 나는 이 아비를 용서해 다오!

아들아, 네 용서를 확인해야 나도 천국으로 향하는 다리를 가볍게 건널 준비를 할 수 있겠다. 저 하늘 구름으로 큰 하트를 만들어 내게 용서의 사인을 보내 주지 않겠니?

사랑하고 또 사랑한다. 내 아들, 범아!

19. 범아, 아름다운 일만 기억하자!

> "추억은 일종의 만남이다."
> - 칼릴 지브란(Kahlil Gibran)

...

범아, 우리가 미국에서 살고 너와 형이 한창 초등학교에서 중학교를 거쳐 고등학생으로 자라 갈 무렵의 가장 행복한 기억은 아마 추수감사절과 성탄절의 추억일 것이다. 진눈깨비가 살짝 내릴 즈음이었지. 여러 해 동안 뉴저지 빌리네 집까지 네 시간 이상을 운전해 가서 빌리 식구들과 칠면조 고기를 먹으며 장난치던 기억 그리고 성탄절 이브에 식구들이 함께 트리 아래 모여 준비된 성탄 선물을 풀고 캐럴을 부르며 12시 성탄의 새벽을 맞이하던 기억이 제일 정겹게 추억되는구나.

미국에서 성탄절 아침이면 옛 명화를 보여 주곤 했는데, 가장 많이 접했던 영화는 〈멋진 인생〉(It's a Wonderful Life)이었던 것으로 기억되는구나. 착한 주인공 조지가 인생의 실패감을 느끼고 자살하려 할 때 천사 클라렌스가 나타나자 그는 인생이 너무 힘들다며 자기는 차라리 태어나지 않았으면 좋았을 거라고 불평을 하지. 그때 천사는 조지가 태어나지 않았을 세상을 보여 주지 않았겠니. 조지의 동생은 살려 줄 형이 없어 죽어야 했고, 자기 아래서 일하던 약사는 그 실수를 막아 줄 조지가 없어 범죄자로 몰려야 했고, 그가 집을 짓도록 도와준 많은 이들은 집 없는 설움을 겪어야 했었지. 자기 아내 메리는 결혼을 하지 못해 노처녀로 늙어야 했고, 자기 자식들 역시 세상에 태어나는 모험을 못 하고 말지.

범아, 만일 네가 이 세상에 태어나지 않았다면 우리 가정은 지금 어떤 모습일까? 너의 농담이 없는 우리 가정의 풍경은 어땠을까? 너를 만나지 못한 네 아내 유현은 어찌 되었을까? 네가 태어나지 않았다면 그 똑똑한 재롱꾼인 네 아들 그리고 내 손자 재성도 태어나지 못했겠지. 한동대 법률대학원장 에릭 엔로우 교수의 회상처럼 네가 조건부로 입학해서 최우등으로 졸업함으로 입학 기준을 바꾸었던 그 학교는, 네가 없었다면 지금은 어떤 자격 기준으로 신입생들을 모집하고 있을까? 〈멋진 인생〉에서 천사로부터 세상으로 돌아가고 싶은 조지의 애원이 허락되자 비로소 그는 감사를 느끼고 행복하게 집으로 돌아와 크리스마스를 맞는 이야기, 생각나니? 가능하면 아빠도 천사에게 부탁해서 너를 세상에 귀환시키고 싶구나. 너와 함께한 세상이 너무 아름답게 추억되기 때문이란다.

얼마 전, 아빠는 엄마와 함께 2021년 미국 아카데미 시상식에서 작품상을 수상한 클로이 자오(Chloe Zhao) 감독의 영화 〈노매드랜드〉(Nomadland)를 보았단다. 이 영화는 우리 인생을 유목민, 곧 노매드(nomad)로 그리면서 인생을 길이라고 말하고 싶어 한 듯하다. 거기 잊지 못할 명대사가 너를 찐하게 기억하게 만들었구나. "기억되는 한 (사람은) 살아 있는 거다." "우리 유목민(노매드)은 헤어질 때 굿바이를 말하지 않는다. 우리는 언젠가 곧 다시 만나게 될 것이기 때문이다."

사랑하는 범아, 더욱이 우리는 "내가 곧 길이요"라고 말씀하신 분을 따르는 사람이 아니겠니? 너에 대한 아름다운 기억이 떠오르는 오늘, 나도 너에게 굿바이를 하지 않겠다. 대신 CU soon, my son! 곧 만나자, 아들아! 길 되신 예수님 안에서.

_20._ 범아, 씨유 인 헤븐!

"또 내가 새 하늘과 새 땅을 보니
처음 하늘과 처음 땅이 없어졌고 바다도 다시 있지 않더라"
(계 21:1).

"지옥에서는 인간의 가능성이 고갈되지만
천국에서는 인간의 가능성들이 충만하게 된다 …
인간의 개인성과 사회성은 천국에서 다양성과 조화로
완전히 충족될 것이다."
- C. S. 루이스

· · ·

범아, 네가 이 세상을 떠난 후 난 네가 간 저 천국이 너무 궁금해졌
다. 그래서 미국에서 귀국한 후 자가 격리 기간에 시작해서 종말
과 내세, 천국에 관한 독서에 한동안 집중했단다. 그중 두 명의 저
자의 책들이 아빠의 시선을 강탈했단다. 한 사람은 너도 좋아한
C. S. 루이스 교수고, 또 한 사람은 신학자 랜디 알콘(Randy Alcorn)
이었다. 루이스 교수는 내 상상력을 확장시켜 주었고, 신학자 알
콘은 성경적 천국론을 잘 정리하게 도와주었단다.

요한계시록 21장 1절에서 사도 요한은 새 하늘과 새 땅, 곧 완성

된 천국을 환상 가운데 보면서 거기에는 바다가 없다고 증언하고 있구나. 바다는 고대 세계에서 언제나 이별을 상징하는 것이었단다. 우리 가요 중에도 "저 바다가 없었다면 쓰라린 이별만은 없었을 것을"〈가슴 아프게〉 하고 노래하지 않았더냐. 지금 저 바다, 저 하늘이 너와 우리 사이를 가로막고 있는 것처럼 말이다.

죽음이 인간 된 우리를 절망하게 하는 것은 더 이상의 희망도, 더 이상의 기대도 접어야 한다는 것이겠지. 너의 노래를 더 이상 들을 수 없다는 것, 너의 꿈을 더 이상 응원할 수 없다는 것 아니겠니. 그런데 말이다. 아빠는 C. S. 루이스의 글을 읽다가 정신이 퍼뜩 난 감동으로 소리를 칠 뻔했구나. 그는 천국과 지옥의 차이를 말하면서 지옥이 가능성이 고갈되는 장소라면 천국은 가능성이 실현되는 장소라고 말하고 있구나.

그러면 범아, 넌 천국에서 네 못다 이룬 꿈을 펼칠 수 있겠구나. 네 나이 만으로 42세, 네가 네 아내와 함께 실현하고 싶은 미래가 있다고 늘 말해 왔던 것을 기억하는데, 그 가능성을 향한 도전의 미래가 아직도 열려 있다는 희망을 다시 볼 수 있었단다. 그래서 독서하다가, 기도하다가 아빠는 흥분해서 소리를 칠 뻔했구나.

신학자 랜디 알콘은 우리가 새 땅에서 완전한 몸을 가지고 우리의 꿈을 실현할 기회를 갖게 될 것이라고 말한다. 그 영원한 나라로 들어가며 우리는 모두 로버트 브라우닝(Robert Browning)의 시를 읊조리게 되겠지. "가장 좋은 것은 아직 오지 않았나니. 이런 인생의 마지막을 위해 인생의 처음은 만들어진 것"(The best is yet to be, the last of life, for which the first was made)"이라고. 그럼, 그럼, 그럼.

내 사랑하는 아들 범아, CU soon in 헤븐!

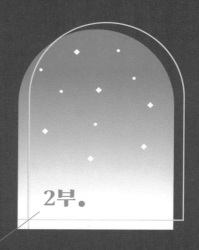

2부.

아들을
그리는
시와 기도

아들 범 추모 예배 마친 후

아들 범아!
너를 유토피아 지구촌 추모실에 안치 후
이제 널 떠나보낸 실감이 나는구나.
누구나 한 번 가는 길이라 하지만
부모보다 앞서간 널 아프게 보낸다.

넌 추모사의 글들처럼
살갑고 위트가 많은 정겨운 사람이어서
널 떠나보내기가 서럽고 아프구나.
그러나 넌 자랑스런 사람이었다.
40년 조금 넘는 시간 80년의 삶을 살았다.

넌 실컷 놀다 결심하면 무섭게 공부하던
극에서 극으로 가던 반전의 사람이었지.
파이팅과 관용의 미덕을 동시에 갖춘 사람
우리 모두 흙에서 왔기에 흙으로 가지만
네가 남긴 삶의 전설은 널 기억하는 모든 이에게
삶의 레슨으로 전달되겠지.

범아, 지난 42년 아빠 엄마의 자랑스런 아들로 살아 주고

그리고 한 여인의 성실한 남편 그리고 또
그대 아들 재성의 더없이 자상한 아빠로
살아 준 그 세월이 고맙고 감사하기만 하다.
진심으로 네가 내 아들인 것이 자랑스럽다.

수고했다 아들아.
고생했다 아들아.
이제 필요한 만큼 그 나라에서 쉬거라.
그리고 C. S. Lewis가 말한 것처럼
천국이 자아실현이 극대화되는 곳이라면
거기서 네 못다 한 꿈을 맘껏 이루거라.

그리고 아빠 엄마가 그 나라에 도착할 때
신나게 그 나라를 소개해 주려무나.
그때까지 안녕 그리고 또 안녕.

널 먼저 그 나라로 보내는 아빠가

- 주후 2020년 11월 맑은 가을 하늘 아래

범을 위해 중보한 분들을 위한 기도

주께서 부탁하시고 가르쳐 주신 대로
많은 친구들이 중보자가 되었나이다.
유일한 중보자인 주님의 모범을 따라
주의 중보 동역자가 된 이들을 복 주소서!

치유의 기적이 일어나지 않았더라도
저들의 기도 헛되지 않음을 알게 하소서.
저들의 기도로 범의 가족들 모두가
외롭지 않았음을 우선 알게 하옵소서.

무엇보다 42년 짧은 인생이었어도
치열했던 노력의 인생임을 알게 하셨고
책임을 다한 반전의 인생임을 알았사오니
감사와 감동의 기도 안에 저를 보냈사오니

이제 저가 못다 한 꿈의 바통을 이어받아
우리가 그 나라의 꿈을 이루어 가도록
우리의 중보기도가 향연을 더해 가사
그의 뜻이 이 땅에서 이루어지이다.

당신들 때문에 오늘의 빛을 밝히나이다.

유족들의 많은 감사와 함께…

범, 아들 생일을 축하한다

넌 어려서부터 우리를 웃겼다.

넌 우리에게 행복의 의미를 알게 했다.

네가 있어 부모가 된 행복을 깨우쳤다.

부디 건강 회복하여 내가 천국 가도록

나와 엄마를 웃겨 주길 기도한다. 홧팅!

"베냐민에 대하여는 일렀으되 여호와의 사랑을 입은 자는 그 곁에 안전히 살리로다 여호와께서 그를 날이 마치도록 보호하시고 그를 자기 어깨 사이에 있게 하시리로다"(신 33:12).

Happy Birthday to U, Ben!

그래도 태양은 떠오른다

코로나 광풍이 쓸어간 땅 저 거리 위로
아들 범이가 천국으로 떠난 저 하늘 위로
모두가 고단하고 힘들었던 시간을 뒤로

새해의 태양은 다시 떠오른다.
아파트 정글을 헤치고
어둑어둑 구름을 뚫고

새해의 태양은 다시 떠오른다.
새 시간을 잉태하고
새 역사를 예언하며

그래도 삶은 지속되어야 하기에
그래도 남은 소명의 길이 있어
커피 한잔으로 잠을 깨운다.

그리고 의의 태양이신 그분을
다시 바라보고 다시 몸을 추슬러
새날의 길을 걷고자 한다.

친구들아 함께 기억하자.

그래도 태양은 다시 떠오름을…

그래도 우리 호흡은 다하지 않았음을…

- 2021. 1. 새해 해 돋음을 지켜보며

이 땅에 없는 아들 위한 생일 기도

하늘에 계신 아빠 하나님!
하늘에 있는 아들 위해 기도합니다.
아들 생일이 곧 돌아옵니다.
7월 16일이 생일입니다.
아들을 아빠 하나님, 기억해 주십시오.

그날 미국 가서 아들을 기억하렵니다.
아내와 둘이서 촛불 켜고 기억하오리니
하늘에 있는 아빠가 만져 주시옵소서.
당신의 치유의 손으로 회복의 손으로
우리 아들의 눈물을 닦아 주시옵소서.

당신이 그를 지으신 이가 아니십니까.
당신이 그를 선물로 우리게 주셨사오니
이제 당신의 품에서 하늘 안식을 누리며
짧은 이 땅에서의 생존의 뜻 알게 하소서.
영원의 촛불을 하늘에서 밝혀 주옵소서.

아들 범이 땅에 남긴 가족을 기억하사
아내 유현과 범 아들 재성이 미소 짓는 날

땅에서의 아름다운 추억으로 행복한 날
지상의 남은 날의 에너지가 되게 하소서.
당신만이 우리 모두의 주인임을 기억하게 하옵소서.

당신이 우리 가족의 주인이심을 예수님의 이름으로 감사하며
고백하나이다. 아멘.

여행자를 위한 기도

인생은 여행이오니
우린 모두 길 떠나는 여행객
돌아올 집이 있어 여행은 낭만일까
그 집이 없었더라면 슬픈 방황이오니

코로나로 여행이 금지된 시간
여행이 더욱 그리운 가슴앓이로
여행의 추억을 떠올리며 기도하오니
주여, 다시 여행길 축복을 열어 주소서.

길 떠날 준비하는 이들을 기억하사
여행이 즐거운 귀향이 되도록
돌아올 집의 기대를 아름답게 하시고
저 하늘 예비된 영원의 집을 보게 하소서.

보내는 자 떠나는 자가 함께하는 기차역
그 슬픈 기적 소리를 기도가 되게 하소서.
우리는 곧 다시 만나리란 소망으로
먼저 본향으로 가는 그대를 전송하오니

빗방울 속 차창에 비친 아련한 얼굴이
축복의 손을 든 내 축도 소리 듣게 하소서.
여행길 부디 내 축도가 축복이 되옵기를
레히트라오트(lehitra'ot) 샬롬!

다시 만나요… 레히트라오트!

부활의 노래

부활절은 교회의 절기만일까.
부활절에 예배하고 설교하고
예수님은 부활하셨다고 선포하고
그리고 부활하신 주님은 천국에 계시다고
그렇게 고백하는 것으로 족한 것일까.

예수님의 제자들은 무엇을 기대할까.
"나를 믿는 자는 죽어도 살겠고" 하셨는데
난 그래서 금년 부활절이 심상치 않다.
예수님만을 바라보고 이 땅을 떠난 아들
예수님 부활은 내 아들 부활의 소망

그래서 부활절 난 힘차게 노래한다.
"사셨네 사셨네 예수 다시 사셨네."
난 이 찬양에 내 노래를 부연한다.
"살리라 살리라 내 아들 다시 살리라."
그래서 부활절 노래는 내 노래 되었도다.

사랑하는 내 아들 범아, 함께 노래하자.
이 노래처럼 우리에게 약속된 소망

그 부활의 소망 안에 우리 다시 만나겠지.
부활의 찬란한 아침에 우린 다시 만나리.
부활하신 예수님 앞에서 다시 만나리.

그날의 소망으로 난 눈물을 씻고
부활의 찬양을 다르게 부르련다.
사랑하는 널 가슴에 품고 부르련다.
천지가 부활하는 꽃들로 가득한 산하
그 산하에 네 얼굴이 가득한 오늘이다.

며느리와 손자를 위한 기도

아들 범이 세상을 떠난 후
남겨진 가족들을 위하여 기도합니다.
아빠의 자리까지 감당해야 할 여인을 위해 기도합니다.
아빠의 빈자리를 보며 자라야 할 손자를 위해 기도합니다.

며느리 유현에게 바람을 뚫고 비상할 날개를 주소서.
손자 재성에게 하늘 아빠를 아빠로 신뢰하는 믿음을 주소서.
남편이 필요한 그 자리에 주 예수님의 임재를 베푸소서.
아빠가 필요한 그 자리에 하늘 아빠의 사랑을 부으소서.

내가 며느리와 손자 위해 할 수 있는 일이 많지 않으나
더욱 미국과 한국의 공간의 거리가 아득하게 느껴지오나
공간을 뛰어넘어 중보할 수 있는 특권을 베풀어 주셨기에
기도의 무릎을 꿇고 엎디어 하늘 보좌로 나아가오리니…

오, 주여! 내 며느리 딸 내 손자의 집에 주인 되소서.
일상의 필요를 주의 풍성하신 은혜 따라 공급하옵소서.
때마다 일마다 필요한 분별력과 판단력을 베풀어 주소서.
무엇보다 필요한 건강을 허락해 주옵소서.

무엇보다 외롭지 않게, 일용할 사랑으로 품어 주옵소서.

내 아들, 범의 주님 예수님의 이름으로 기도드립니다.

- 2021년 가정의 달을 보내며

가정의 달에 기억하는 아들

아들아, 넌 우리 가정의 기쁨조 아들
너 때문에 우린 삶의 기쁨을 배가했었지.
넌 평범한 말을 비범하게 바꾸어 말하고
화를 낼 말도 단어 장난으로 승화시켰지.

아들아, 넌 네 아들에게 최고의 아빠
그 수많은 레고 조각들을 함께 맞추고
회사 갔다 와 먼저 아들 찾아 할 일 찾고
아들과 눈 맞추며 대화에 몰입하던 너

아들아, 넌 네 아내에게 최고의 남편
적어도 우리 눈엔 그렇게 보였단다.
넌 회사 변호사이기 전에 아내 변호사
늘 아내의 대변인 되어 그 옆을 지켰구나.

아들아, 아빠가 가정 세미나 할 때마다
좋은 남편, 좋은 아빠의 모델을 찾았는데
네가 바로 그런 남편, 그런 아빠였구나.
가정 세미나 강사 내가 흉내도 못 낼 사람

넌 아빠가 근처도 못 갈 모델 아빠
이 아빠가 상상도 못 할 모델 남편
네가 이 오월에 더욱 사무치게 그립다.
네가 이 오월에 더욱 눈물겹게 보고프다.

사랑한다. 네가 자랑스럽다(I love you and I am proud of you).

하늘에 있는 아들 범에게

명절날 네 목소리 들을 수 없어
대신 내가 이 편지를 네게 쓴다.

해마다 이때 네 목소리 들음을
네게 받는 효도라 생각했지만

네 아들, 내 손자 목소리 들음으로
대신 내 위로를 삼고자 한다.

네 부모 되어 널 생각하며 젤로 후회되는 건
널 야단만 치고 칭찬 못한 거란다.

적어도 넌 나보다 더 훌륭한 아빠였다.
네가 네 아들에게 한 것 보니 그랬다.

그리고 마지막 하늘 갈 때까지
네 직장 일하는 것 보니 넌 책임감의 화신이었다.

그리고 다시 자세히 생각해 보니
목사 아빠보다 믿음도 더 좋았던 것 같다.

아들아, 수고했다… 고생했다.
아들아, 넌 내게 최고의 선물이었다.

내 아들 범아, 편히 쉬거라. 다 잊고
그리고 곧 다시 만나자.

아무리 되풀이해도 싫증나지 않을 말…
사랑한다… 아빠 놔두고 먼저 간 나쁜 놈아!

영적 전투의 최전선

아들아, 아빠가 몰랐던 것이 있다.
영적 전투에 대해 많은 설교를 했었지.
그런데 그 전투의 최전선이 가정임을
몰랐단다. 정말 몰랐단다.

아빠가 젊은 날 가정 사역 시작할 때
한 외국 친구가 내게 경고했단다.
가정 사역을 하면 사탄이 널 공격한다고.
네 가정을 먼저 말이야. 그걸 몰랐단다.

물론 너의 천국행도 거기에 연관된지는
너의 형의 투병도 그런 건지는
정말 정말 확실히는 모르겠지만
사탄의 공격이 있었음은 부인치 못한다.

처음 에덴의 동산에서도 그랬으니까.
아담과 하와를 함께 시험 들게 하고
가인과 아벨의 갈등을 낳았으니까.
그래도 가정을 계속하게 하신 야훼…

그분의 뜻을 따라 더 많은 가정을 지키려
영적 전투의 최전선에 서고자 한다.
범, 내 아들아, 아빠를 도와주려무나!
하늘에서 한마디 해 주렴… 아빠, 홧팅!

아들 범과 작별하며 드리는 감사

<손양원 목사님께 배운 열 가지 감사>

1. 아들이 그 지독한 암의 통증에서 해방되어 감사합니다.
2. 영광의 나라 천국에 입성하여 감사합니다.
3. 그동안 유머가 많았던 아들을 인해 누린 기쁨을 감사합니다.
4. 단 한 번도 불평 없이 자랑만 하던 아내와 애굣덩어리 손자를 남겨 주어 감사합니다.
5. 어려서 게임을 좋아하더니 중독되지 않고 잘 커서 스포츠 회사 변호사가 된 것 감사합니다.
6. 아들의 고통을 통해 예수님을 내어 주신 하늘 아버지의 고통을 알게 하심 감사합니다.
7. 아들의 암 투병을 통해 수많은 암 환자의 고통과 연대하게 된 것 감사합니다.
8. 또한 자식을 먼저 떠나보낸 수많은 부모들의 고통과 연대하게 되어 감사합니다.
9. 아들의 치유를 위해 기도한 수많은 중보 기도자들과 한 지체가 되어 감사합니다.
10. 아들이 간 천국을 더 가까이 소망하게 되어 감사, 감사합니다.

- 2020년 10월 가을 하늘 아래, 아들 범을 천국으로 보내는
  목사 아빠 이동원

데스티니를 위한 기도

〈포레스트 검프〉를 다시 보고
Destiny란 말을 맘 깊이 새깁니다.
세상 사람들은 운명이라고 하겠지요.
저마다 걸어야 할 운명의 길이 있다고

주를 믿는 우리는 섭리라고 하겠지요.
우리 각자 걷는 섭리의 길이 있다고
창조주가 계획하시고 주가 인도하신 길
성령이 개입하고 실현하시는 길이라고

하오면 아들 범을 위한 섭리를 믿나이다.
아들 황을 위한 섭리도 믿겠사오니
저희 부부에게 이제 눈물을 가져가시고
다시 우리가 할 일을 가르쳐 주옵소서.

부모로서 할 일이 무엇인지 알게 하시고
그 남은 할 일을 수행할 지혜를 주옵시고
그 남은 그 길을 갈 용기를 주옵시고
후회 없이 그 일을 마무리하게 하옵소서.

인생의 데스티니가 맘을 붙잡는 오후
당신의 데스티니를 이루게 하옵소서.

아내를 위한 기도

나의 soul mate, 그녀를 기억하소서.
여행 중 외롭지 않도록 보호하소서.
주의 임재로 감싸 주소서.
혼자가 아님을 느끼게 하소서.

남편의 한계로 어찌지 못할 때
주의 능하신 팔로 붙들어 주소서.
우리 곁을 떠난 아들의 공백을
주의 헤세드(hessed)로 채우소서.

아직도 섬길 아들이 있음을 알고
지혜로 이끌게 하옵소서.
아들 황이 엄마를 복으로 느끼고
오히려 위로의 눈빛을 전하게 하소서.

보혜사, 함께하시는 영이시여.
새벽 날개로 아내를 덮어 주소서.
만나는 모든 이에게 복이 되게 하사
범이 자랑스러워한 그 여인 되게 하소서.

결혼기념일도 함께 못한 아쉬움 대신
축복의 기도를 배달해 주소서.

언컨디셔널 러브(Unconditional Love)

범아, 네가 투병하던 반년 세월
네가 가장 자주 사용한 이 단어
엄마는 이 단어 하나 가슴에 품고
고국 땅, 집으로 돌아왔구나.

너와 부모의 관계가 그런 것이라고
네가 그렇게 말했다고 엄마가 전했다.
고맙구나. 고맙구나. 고맙구나.
때로 부모의 사랑도 조건부일 수 있는데…

맑은 네 마음에 새긴 거룩한 사랑
이런 사랑의 근원은 갈보리 언덕
거기 십자가에서 흘러내린 사랑
우린 다 그분의 사랑에 빚진 자들

네가 떠난 하늘을 올려 볼 때마다
이 사랑으로 남은 삶을 어찌 살까
거룩한 부담, 거룩한 고민의 숨 모아
기도의 향을 올려 드려야 하겠지.

아들 범아, 네가 남긴 거룩한 유산
"언컨디셔널 러브"를 읊조려 본다.

- 네가 떠난 가정의 달, 어버이날

여름에 피는 가을꽃

아직 초여름인데
산책길에 가을꽃이 보인다.
코스모스가 꽤 많이 보이고
더러는 낙엽도 밟힌다.

아들, 범아!
넌 초여름에 핀
가을꽃이 아니었더냐?
초여름에 가을 인생을 살고 간 너!

코스모스 하늘거리는 미소
네가 남긴 그윽한 미소
떨어져 누운 눈물 꽃…
그 꽃에서 네 못다 한 꿈을 본다.

여름에 핀 가을꽃 범아!

다시 시작하기 위한 기도

요나는 소명의 자리에서 도피한 후
두 번째 소명을 접했나이다.
일어나 가서 전하라고
Second Chance를 주신 주님이시여.

그리고 니느웨에 임한 부흥을 주신 당신
우리 민족에게 한 번 더 부흥을
우리 교회에 한 번 더 부흥을
우리 가정에 한 번 더 부흥을 주소서.

아들 범을 부르신 그 자리에
아직 남겨 주신 손자 재성을 붙드사
다시 그 나라의 꿈을 이루소서.
다시 그 나라의 기도가 시작되게 하소서.

자식들을 키우며 미래를 보던 그 시선
우리에게 한 번 그 시선을 회복시키사
다시 우리가 흥분할 이유를 주소서.
다시 우리가 기도할 불꽃을 주소서.

다시 기도의 향을 피워 올리는 아침
당신은 우리가 다시 시작할 이유이시오니….

이별은 잠시

- 삼촌 이동춘(목사, 시인)

시간을 멈추게 할 수 있을까
화살촉같이 날아가던 시간이 가을을 알리는데
늦은 장맛비는 여름의 흔적을 지운다.
지난해처럼…
그러나 시간이 흘러도
지울 수 없는 지난 세월의 한때
나는 군바리 삼촌, 너는 따라-쟁이 조카
열중쉬어 차렷 충성!
휴가 때면 목말을 태우고 눈 맞추던 나의 조카 범

시간이 흐른 후 고국으로 돌아온 너
떡 벌어진 어깨, 잘생긴 외모
세상의 모든 것을 다 포용해도 모자랄
가슴과 해맑은 미소 그리고 너의 지혜로움
난 정말이지 널 자랑하지 않을 수 없었다.
"제 조카 범이랍니다"라고.

누구보다 아름답고 행복한 삶을 살아가던
네가 세상을 달리했다는 이별 소식!
이별이란 결코 슬픔만은 아니라 해도

불혹을 갓 넘긴 너와의 이별만은
참기 힘든 고통의 시간인 게 사실이었다.
누가 이별을 눈물이요 슬픔이라 했는가.
그러나 고통이 수반되지 않은 사랑은 사랑이 아니듯
고통의 시간이 지나면 너와의 이별은
빛나고 아름다운 만남의 시간으로 이어지게 될 거란
그 믿음이 고통을 재우는가 보다.

사랑하는 범이야…
밤이 정점을 향해 가장 깊은 자리에 든 시간
너와의 이별이 아쉬운 듯 내리던 장대비
슬픈 는개*비 되어 여명을 가리나
마침내 아침이 오고야 말듯
영원 가운데 우리 함께 누릴 기쁨의 시간이
다가오기에 잠시 이별의 시간을 감내하련다.

조카 범의 일주기를 앞두고…
See U again… 작은아빠가

---

* 는개: 안개비보다는 조금 굵고 이슬비보다는 가는 비

그리스도 안에서(1)

- 엄마 우명자

온 삶이
항상
현재다.

죽음도
살아 있음도

현존하는
삶이다.

그리스도 예수,
사랑의 주님
그 품에 안긴
범을 추모하며

그리스도 안에서
샬롬

뽀송 눈 내리는
묵상의 아침

그리스도 안에서(2)

- 엄마 우명자

바람이 분다

사람들의 소리들
사이로

성령의 바람인가
자연의 폭풍인가

부는 바람이

뺨을 스친다
마음을 친다

시리다
아프다

바람이 분다

성령의 바람도
자연의 폭풍도

분다
그리스도 안에서

그리스도 안에서(3)

- 엄마 우명자

파란 하늘
아래로

지평선을 긋는
감청색 구름
거기
자줏빛 품은 갈대

부는 바람에
얼굴 비비더니

바람결 무늬
그득 담은
나이키 되어

구름 너머로
비상한다

파란 하늘
위로

자줏빛 품은 갈대

오른다
그리스도 안에서

그리스도 안에서(4)

- 엄마 우명자

살라 하신다

없어도 있는 듯
있어도 없는 듯

범에게
황에게
아빠에게
엄마에게

살라 하신다

포월
초월

그리스도 안에서

그리스도 안에서(5)

- 엄마 우명자

범아!

지금 너는
어디든지 계신
예수 그리스도와
함께 있지.

범아!

네 영혼이

붉은 불에 태워져
먼지로 환원한
너의 육체를 떠나

주님 품에 안긴 후

넌
어디든지 있지.

범아!

영혼이 육체와 함께 있을 땐
넌 네가 머무는,
그 한 장소에만 있지.

범아!

지금 너는
모든 곳에 있지.

내 마음이
내 눈이
바라보는

보이는
보이지 않는
모든 대상에서
모든 곳에서

너를 보지.
너와 함께 있지.

그리스도 예수 안에서.

3부.

아들을
보내는
예식의 마당

범의 삶의 발자국

이범

1978. 7. 16. 수원 출생

미국 토마스우튼 고등학교 졸업
미국 매릴랜드대학교 철학과 졸업
한국 한동대학교 Law School 수석 졸업
한동대학교 법률대학원 학생회장
미국 USC Law School 대학원 졸업
미국 국제 변호사 자격 취득
한국 율촌 법무법인 변호사
EA 스포츠게임 회사와 AT&T에서 근무
미국/한국 지구촌교회 성도로 봉사
한국 지구촌 EM 청소년부 설교 봉사
미국 토렌스 조은교회 집사

이화여자대학교, 한동대학교 Law School 출신의
고유현 자매(CPA Lawyer)와 결혼하여 아들 이재성 둠

2020년 2월 대장암 수술 후 투병
2020년 10월 8일(한국 날짜 10월 9일) 미국 남가주에서 소천(만 42세)

아버지께 드리는 편지

(칠순 감사 예배/이범)

아버지 70세 생신에 드리는 편지

아버지! 드디어 70까지 사셨군요. 나의 트러블 메이킹으로 아버지는 이미 30세부터 흰머리가 있었기에 70세까지 사실 것을 예상 못 했습니다. 농담을 했지만, 진심으로 저는 아버지의 아들이 된 것을 복 받았다고 생각합니다. 아버지는 제게 필요한 모든 사랑과 지원, 무엇보다 중요한 예수 그리스도의 사랑을 주셨습니다. 제가 아빠가 되어 보니 어린 시절에 예수 그리스도를 영접하는 것이 얼마나 중요한지를 알게 되었습니다. 모든 아이들에게는 롤 모델이 필요한데 당신은 바로 그런 분이셨습니다. 아버지는 제게 경건하면서도 열정적이고, 성공적이면서도 행복한 삶이 무엇인가를 보여 주셨습니다. 무엇보다 제가 인생의 방향을 잃고 누군가와 말하고 싶었을 때 언제나 제 곁에 있어 주셨습니다. 이 모든 것을 생각할 때 저는 이 땅에서 가장 행운을 타고 난 사람이라고 생각합니다.

저는 아버지가 목회에 성실하면서도 가족을 돌보는 것이 무엇보다 힘들었음을 이해합니다. 특히 미국에서 한국으로 돌아온 이

후가 그러셨을 것입니다. 저는 아버지가 얼마나 가족과 시간을 보내고 싶어 하셨는지 그러나 그럴 수 없으셨던 것을 충분히 이해합니다. 저는 아버지가 이것 때문에 얼마나 가슴 아파하셨는지를 알고 있었고, 그것 때문에 가정 사역에 실패감을 느끼셨을 것이라고 생각합니다. 그러나 아버지! 분명히 말씀드리자면 제 눈에 아버지는 결코 가정 사역에 실패하지 않으셨습니다. 저는 아버지가 무엇보다 예수 그리스도와 교회에 바치신 헌신만으로도 위대한 아버지이셨음을 말씀드리고 싶습니다.

아버지! 아버지는 설교하신 대로 사셨다는 것을 상기시켜 드리고 무엇보다 저의 롤 모델이 되어 주신 것에 감사드립니다. 아버지는 저의 스승, 최고의 친구 그리고 그리스도 안에서 저의 형제이셨습니다. 그래서 이 특별한 날을 맞아 아버지의 70세 생신을 진심으로 축하드리는 바입니다. 그리고 요즈음 사람들이 말하는 것처럼 70세가 인생의 반을 산 것에 불과하다면 아마도 아버지의 140세 생일 축하도 가능할지 모르겠습니다. 그때 제가 아버지에게 또 한 번의 이런 편지를 쓰게 될 것을 상상해 보십시오. 그리고 그때까지 아들들로 인해 받으실 트러블 메이킹도 각오해 두십시오.

아버지! 사랑합니다.

당신의 아들 범이 드림.

"곧… 머지않아"

(살전 4:13-18)

이종용 목사(코너스톤교회 담임)

"형제들아 자는 자들에 관하여는 너희가 알지 못함을 우리가 원하지 아니하노니 이는 소망 없는 다른 이와 같이 슬퍼하지 않게 하려 함이라 우리가 예수께서 죽으셨다가 다시 살아나심을 믿을진대 이와 같이 예수 안에서 자는 자들도 하나님이 그와 함께 데리고 오시리라 우리가 주의 말씀으로 너희에게 이것을 말하노니 주께서 강림하실 때까지 우리 살아남아 있는 자도 자는 자보다 결코 앞서지 못하리라 주께서 호령과 천사장의 소리와 하나님의 나팔 소리로 친히 하늘로부터 강림하시리니 그리스도 안에서 죽은 자들이 먼저 일어나고 그 후에 우리 살아남은 자들도 그들과 함께 구름 속으로 끌어올려 공중에서 주를 영접하게 하시리니 그리하여 우리가 항상 주와 함께 있으리라 그러므로 이러한 말로 서로 위로하라"(살전 4:13-18).

"예수는 지혜와 키가 자라 가며 하나님과 사람에게 더욱 사랑스러워 가시더라"(눅 2:52).

제가 미국 텍사스 주 샌안토니오(San Antonio, TX)에서 목회할 때 이동원 목사님의 초대로 워싱턴 지구촌교회에서 집회를 섬겼었습니다. 그 교회 복도에서 뛰어놀고 있는 범 형제를 보고 목사님은 "범아, 이 목사님에게 인사해라!"라고 하셨습니다. 이것이 범 형제와의 첫 번째 만남이었습니다. 저는 이동원 목사님의 설교를 통해 자주 이범 형제의 이야기를 들었습니다.

제 큰아들 철호가 한동대학교에 다닐 때 로스쿨에서 공부하고 있던 범 형제와 자주 농구를 했다는 이야기를 들었습니다. 제 아들은 "범 형은 겸손하고 모든 사람에게 친절했어요"라고 말했습니다. 며칠 전 한동대학교 김영애 권사님과 깊은 통화를 나누었습니다. 한동대학교는 영성, 인성, 실력 등을 가르치는 학교입니다. 범 형제에 대한 많은 이야기를 나누었지요. 한동대학교 교정에서 김영길 총장님과 권사님을 보면 멀리서부터 뛰어와 "총장님! 사모님!" 부르며 인사를 하고 허그를 해 주는 밝은 학생이었다고 자랑스럽게 말씀했습니다.

범 형제가 한동대학교 로스쿨을 졸업할 때 이동원 목사님이 졸업 예배 설교자였습니다. 저는 졸업식 이틀 전 범 형제가 수석으로 졸업하게 된 것을 알게 되었지요. 권사님과 범 형제는 이 사실을 아버지에게 비밀로 하기로 했습니다. 그 졸업식 날 졸업생 대표로 연설하는 이범 형제의 모습을 보고 이동원 목사님과 사모님은 얼마나 놀라고 기쁘셨을까요! 이동원 목사님은 말씀을 전하고 아들은 수석으로 졸업 연설을 하고… 얼마나 하나님께 영광을 올려 드린 아름다운 모습인지요!

범 형제는 부모님을 기쁘시게 해 드렸던 아들이었습니다. 로스쿨을 졸업하고 국제 변호사 시험을 보았는데 한 번에 합격을 했습니다. 부모님에게 자랑스러운 아들이었습니다. 아내 되는 고유현 집사의 외할아버지이자 안과 의사이신 김희수 대전 건양대학교 전 총장님이 정부에서 상을 받은 기념 모임을 대전에 있는 총장님 댁 정원에서 했었다고 합니다. 많은 총장님들이 참석을 했는데 김영길 총장님과 권사님도 그 자리에 계셨다고 합니다. 그런데 갑자기 범 형제와 유현 자매 그리고 어린 아들 재성이가 찾아와 잔디밭에서 무릎을 꿇고 큰절로 인사를 한 것입니다. 이 모습을 보고 많은 총장님들이 놀라며 김영길 총장님을 많이 부러워했다고 합니다. 범 형제는 스승을 존경하는, 스승에 대한 감사를 아는 제자였습니다.

지난 2월 15일, 저는 범 집사가 수술한 병원에 찾아가 밝게 웃고 있는 그를 만났습니다. 참 건강하게 보였습니다. 수술한 사람같이 보이지 않았습니다. 그런데 지난 10월 8일, 범 집사는 우리들을 떠나 주님 품으로 갔습니다. 그런데 영원히 갔을까요? 아닙니다. 우리는 매일 함께 있어도 아무 관계없는 이들이 너무나 많습니다.

그러나 범 형제는 지금도 살아서 유현 자매의 마음에, 아들, 목사님, 사모님, 온 가족에게 그리고 범 형제를 사랑하는 천국 사람들의 마음에 함께하고 있습니다.

인간이기에 너무나 아픕니다. 고통스럽습니다. 저는 남겨진 가족을 생각하면서 너무나 마음이 아팠습니다. 힘들었습니다. 그런데 범 형제를 생각하면 생각할수록, 주위 사람들로부터 그에 대한 이야기를 들으면 들을수록 참 행복한 사람이었구나, 열심히 살았구나, 주위에 기쁨을 주었구나… 이런 마음을 주님이 주셨습니다. 이범 집사는 분명 하나님의 시간에 목사님과 사모님의 아들로 이 땅에 왔다가 하나님의 시간에 주님이 데려가셨구나 하는 믿음이 제 마음에 가득했습니다. 한동대학교 로스쿨에서 만나 결혼한 유현 집사와 범 집사는 서로 뜨겁게 사랑하며 살았습니다. 누구보다 서로를 아꼈습니다.

이제부터 유현 집사는 재성과 함께 제3의 인생을 살아야 합니다. 힘차게 사는 전쟁을 해야 합니다. 우리 예수님 안에서 어떤 인생이 펼쳐질지 모릅니다. 범 집사의 몫까지 주님의 일을 감당해야 합니다. 먹든지 마시든지 무엇을 하든지 주님의 영광을 위해 사는 자매가 되십시오. 그리하면 범 형제가 천국에서 기뻐할 것입니다.

우리 이동원 목사님, 아버지가 범 형제를 생각하며 쓴 글입니다.

아들이 걸었던 산책길

그 길을 걸었다.
아내와 함께 아내의 설명을 들으며
아들이 발병 후 운동 삼아
엄마와 함께 걸었던 동네 길이다.

그는 무슨 생각을 하며 걸었을까.
타들어 가는 생명의 불꽃을 느끼며
생명의 애착과 씨름하며 걸었을까.
아니 숨 기도하며 걸었을까.

그는 엄마에게 자연이 아름답다고
이 동네로 이사 오길 잘했다고
그동안 너무 바쁘게 살았다고
이젠 쉬어 가며 살아야 하겠다고…

나무, 바다, 하늘로 이어진 길
그래서 이 길 넘어 길로 갔니?
저 하늘 길로 쉼을 찾아 갔니?
돌아오지 못할 길로?

네가 짧게 머물던 집으로 돌아오며
우리 다시 만날 하늘 집을 그린다.
넌 이 집으로 다시 오지 않겠지만
엄마와 하늘 집으로 찾아가마…
곧… 머지않아…

- 아들이 하늘로 떠난 셋째 날

범 형제와 어머님과의 대화를 통해 범 형제는 바쁘게 열심히 살았음을 알게 되었습니다. 이제는 쉬어 가며 살겠다고…. 그는 안식을 알았습니다. 지나고 나면 한순간입니다. 짧게 누리든 길게 누리든 지나고 보면 누린 것입니다. 짧고 긴 것은 없습니다. 모든 삶이 순간인 것을 저는 압니다. 범 형제는 바쁘게 열심히도 살았고, 이제 안식도 알아 아내와 아들과 어머니와 그 귀한 쉼의 시간을 가졌습니다.

마지막 얼마 동안은 너무나 고통스러운 시간도 있었습니다. 아주 짧지만 우리를 너무나 사랑하시어 우리의 죄를 짊어지시고, 십자가에서 큰 못을 손과 발목에 박히시고, 옆구리를 창으로 찔리시고, 가시 면류관으로 머리에는 피가 터져 흐르고… 이렇게 물과 피를 다 쏟으며 우리의 더러운 죄를 다 짊어지고 죽으신 주님의 고통에, 아픔에 아주 조금 동참하는 시간도 누렸습니다.

김우준 목사님이 범 형제의 마지막 몇 주 전에 어렵게 이렇게 물어보았다고 합니다. "집사님, 힘드시지요? 어떻게 하지요?" 그때 이범 집사는 "주님에게만 더 집중할 수 있어 좋습니다. 괜찮아요. 그러니까 더 하나님만 붙들어야지요"라고 했다고 합니다.

> "하나님이 세상을 이처럼 사랑하사 독생자를 주셨으니 이는 그를 믿는 자마다 멸망하지 않고 영생을 얻게 하려 하심이라"(요 3:16).

이제 모든 수고를 마치고 사도 바울이 그렇게 가고 싶었던 주님 품에 범 형제는 예수님 손을 꼭 잡고 안겼습니다. 성경은 말씀합니다.

> "형제들아 자는 자들에 관하여는 너희가 알지 못함을 우리가 원하지 아니하노니 이는 소망 없는 다른 이와 같이 슬퍼하지 않게 하려 함이라 우리가 예수께서 죽으셨다가 다시 살아나심을 믿을진대 이와 같이 예수 안에서 자는 자들도 하나님이 그와 함께 데리고 오시리라 우리가 주의 말씀으로 너희에게 이것을 말하노니 주께서 강림하실 때까지 우리 살아남아 있는 자도 자는 자보다 결코 앞서지 못하리라 주께서 호령과 천사장의 소리와 하나님의 나팔 소리로 친히 하늘로부터 강림하시리니 그리스도 안에서 죽은 자들이 먼저 일어나고 그 후에 우리 살아남은 자들도 그들과 함

께 구름 속으로 끌어올려 공중에서 주를 영접하게 하시리니 그리
하여 우리가 항상 주와 함께 있으리라 그러므로 이러한 말로 서로
위로하라"(살전 4:13-18).

며칠 전에 이런 글을 읽게 되었습니다. 제목은 이렇습니다. '이
렇게 고난을 이기라!' 주님이란 말은 역사에서 크게 두 가지 경우
에 쓰였습니다. 하나는 구약성경에서 '여호와 하나님'을 가리켰
습니다. 다른 하나는 로마가 강성했던 1세기 사람들이 로마 황제
를 향해서 이 말을 썼습니다. 그래서 당시 그리스도인들은 주님을
향한 마음 자세를 다음과 같이 고백했습니다.

"시저의 충복들이 시저에게 바치는 충성보다 주님을 향한 제 충
성의 정도가 결코 작지 않게 하소서."

큰 박해를 받아도 그리스도를 주님으로 삼는 흔들리지 않는 믿
음 위에 선 성도들을 통해 역사상 어느 때보다도 이때 복음의 영
광은 강렬하게 드러났습니다. 심지어 그리스도인들을 학살하던
군인들도 고민에 잠겼다고 합니다.

"도대체 무엇이 저들을 심한 고통 중에도 찬양하며 기뻐하게 하
는가?"

이렇게 궁금해하던 사람들이 복음을 듣게 되었고, 그들 역시 열
렬한 그리스도인이 되었습니다. 결국 무소불위의 권력을 자랑하
던 로마 황제들은 하나둘씩 파국을 맞이했고, 로마 제국도 역사

속으로 사라졌습니다.

> "타협하지 않는 순결한 신앙은 빛과 영광을 입어 전 세계에 퍼졌
> 습니다. 하나님을 두려워하면 사람들을 두려워하지 않게 됩니다.
> 만물의 창조주요 주권자이신 하나님만 두려워하면, 하나님이 그
> 인생을 책임지십니다. 어떤 왕이나 권력자도 아니요, 손으로 만든
> 우상도 아닌 하나님만이 유일한 '주님'이십니다"(〈생명의 삶〉[2020. 8.
> 20], '묵상 에세이', 이동원,《이렇게 고난을 이기라》[나침반]).

저는 너무나 놀라서 두란노서원에 전화를 해 봤습니다. 언제 편
집이 되었는지…. 그런데 〈생명의 삶〉은 5개월 전에 편집한다고
합니다. 10월 8일, 이날은 범 형제가 우리를 떠난 날입니다. 이럴
수가 있습니까? 이것이 과연 우연일까요? 저는 분명 이것은 목사
님 가정에게, 유현 자매에게 주신 주님의 사인이라 믿습니다. 우
리 예수님을 믿는 사람들은 압니다. 이것은 큰 축복입니다. "내가
범을 사랑한다. 안심하라. 범은 내 사랑하는 아들이다. 여기에는
나의 뜻이 있다."

오늘 이 시간 주님은 우리에게 말씀하십니다. "너는 내 것이다.
네가 물 가운데로 지날 때에 내가 너와 함께하리라. 강을 건널 때
물이 너를 침몰하지 못할 것이며 네가 불 가운데로 지날 때에 타
지도 아니할 것이요, 불꽃이 너를 사르지도 못하리니 나는 네 하

나님이다. 네 구원자다." 우리는 곧 … 머지않아! 예수님 손을 꼭
잡은 사람들 … 천국에서 분명 만날 것입니다.

"하늘에서 들리는 소리"

(계 14:13)

홍정길 목사(남서울은혜교회 원로)

"또 내가 들으니 하늘에서 음성이 나서 이르되 기록하라 지금 이 후로 주 안에서 죽는 자들은 복이 있도다 하시매 성령이 이르시되 그러하다 그들이 수고를 그치고 쉬리니 이는 그들의 행한 일이 따름이라 하시더라"(계 14:13).

지난 달, 이범 집사가 하나님의 부르심을 받고 우리의 곁을 떠났다는 소식을 들었습니다. 수많은 임종을 보았고, 장례식을 겪었으며, 장례 예배를 집례했던 저로서도 이 일은 마음에 너무 큰 아픔으로 다가왔기에 며칠 동안 그 어디에도 마음을 붙이질 못했습니다.

많은 레퀴엠 레코드판이 있지만 잘 듣지 않았던 제가, 모든 레퀴엠을 있는 대로 찾아 들었습니다. 그것도 성에 차지 않아 다음날은 바흐의 '4복음서 수난곡'을 들으며 찬송이 주는 위로를 얻기 시작했습니다. 그리고 제가 늘 좋아하는 헨델의 〈메시아〉 53번째 찬양, '죽임 당하신 어린양'을 들으면서 하늘에서부터 위로가 내리는 것을 경험했습니다. 그리고 오늘 성경의 본문인 요한계시록 14장 13절을 읽게 되면서부터 그 말씀을 계속 묵상했습니다.

"지금 이후로 주 안에서 죽는 자들은 복이 있도다."

아니, 지금 우리는 너무 슬프고 몸을 가눌 수 없을 만큼 아프고 힘든데 '주 안에서 죽는 자들은 복이 있도다'가 무슨 말씀입니까? 그러나 진리의 말씀인 성경을, 하늘에서 들리는 소리를 기록하라는 그 말씀을 보면서 무엇이 복된지를 생각해 보았습니다.

'그래, 우리는 이 땅에서 슬프고 아프며 번민에 번민이 쌓여 절망의 고통을 느끼지만, 천국은 어떨까? 천국에 입성하는 이범 집사를 하나님께서 보시고 뛰어나가 안아 주고 입을 맞추며 '내 아들아 왔구나' 하실 테니 천국에서는 복이 될 수 있겠다.'

천국에서 주님이 이범 집사를 맞이해 주시는 그 모습은 진정 복된 것입니다. 우리는 지금 아파서 힘들지만, 그곳은 이 집사가 입성한 곳입니다. 우리가 천국에 입성한다는 것은 종으로 노역하다가 인간의 고난과 실패, 좌절과 같은 인간적인 영역을 다 가지고 올라가는 것이 아니라, 하나님의 자녀로 당당히 입성하는 것입니다. 아직 상거가 먼데 맨발로 뛰어나가 사랑하는 아들을 안아 주고, 목을 껴안고 입을 맞추시는 아버지 하나님을 만나게 됩니다.

예전에 김포공항에는 비행기가 떠나는 것을 볼 수 있는 송영대가 있었습니다. 저도 사랑하는 식구들이 미국으로 떠날 때 이별의 슬픔의 눈물을 흘리며 비행기가 이륙하여 아스라이 사라질 때까지 그 뒤를 한참 동안 바라보았습니다. 이처럼 우리는 다시 보지 못함을 슬퍼하지만, 떠나는 사람은 새로운 세상을 바라보면서 소망으로 가득 찬 꿈을 펼쳐 나가는 것입니다.

사도 바울은 빌립보서 1장 23절에서 '내가 이 세상을 떠나서 그리스도와 함께 있는 것이 훨씬 더 좋은 일'이라고 했습니다. 그런데 이 '떠난다'는 말씀의 원문을 살펴보면 '출발'이라는 의미입니다. 성령께서 우리에게 말씀하십니다. 이범 집사가 가는 천국은, 도착해 있는 그곳은, 진정한 안식이 있다고 말씀하십니다. 인생이라는 짐보다 더 무거운 짐은 세상에 없습니다. 그리고 이 세상은 '헛되고 헛되며 헛되도다'라고 성경은 말하고 있습니다. 모세는 시편 90편 10절에서 "그 연수의 자랑은 수고와 슬픔뿐이요 신속히 가니 우리가 날아가나이다"라고 했습니다. 그러나 그곳에는 우리의 수고가 그치고 진정한 안식이 주어집니다.

요한 제바스티안 바흐(Johann Sebastian Bach)는 아홉 살 때 어머님이, 열 살 때 아버님이 돌아가셨습니다. 결혼하여 많은 아이를 낳았지만, 두 명의 아내와 사별했고, 세 아이가 유아기에 사망했습니다. 죽음의 슬픔을 크게 알았습니다. 그래서 바흐의 곡은 늘 깊은 슬픔이 흐르면서도 천국의 영광스러움이 보입니다. 그가 쓴 〈마태

수난곡〉에 예수 그리스도를 무덤에 안장하는 마지막 찬송이 이렇게 쓰였습니다.

> 우리들은 눈물에 젖어 무릎을 꿇고 무덤 속의 당신을 향하여 편히 잠드시라 당신을 부릅니다. 지칠 대로 지치신 몸! 편히 잠드소서! 당신의 무덤과 묘석은 번민하는 마음에 편안한 잠자리가 되시고 영혼의 휴식처가 되소서. 이리하여 이 눈은 더없이 만족하여 우리도 눈을 감나이다. 우리들은 눈물에 젖어 무릎 꿇고 당신을 부르나이다.

성경은 또 말합니다. "그들의 행한 일이 따름이라"(계 14:13). 천국에 입성하면, 우리가 살았던 삶과 오른손이 하는 일을 왼손이 몰라도 주님은 아십니다. 우리는 내가 행했던 일도 잊어버리지만 주님은 아시며, 내 생애 그 많은 죄를 회개를 통해 다 용서하시고, 그 와중에 주님을 위해 수고했던 조그마한 것까지 낱낱이 기억하고 상 주시는 하나님의 영광을 우리는 경험할 것입니다. "믿음이 없이는 하나님을 기쁘시게 하지 못하나니 하나님께 나아가는 자는 반드시 그가 계신 것과 또한 그가 자기를 찾는 자들에게 상 주시는 이심을 믿는"(히 11:6) 믿음의 현장을 경험하면서 우리를 기뻐하시는 하나님을 만날 것입니다.

우리 하나님은 아브라함의 하나님, 이삭의 하나님, 야곱의 하나님이십니다. 대를 이어서 더 크게 축복하시되, '네가 내 말 안에, 내 은총 속에 살면 천 대까지 은혜를 베풀리라' 약속하십니다. 천 대까지 은혜를 베푸시는 하나님께서 이동원 목사의 하나님, 이범 집사의 하나님 그리고 아들 이재성의 하나님이 되십니다. 주께서 역사하셔서 하나님의 축복 승계가 이 땅에 복이 되고, 이 땅에 우리가 맺지 못한 또 다른 무수한 열매를 맺어 하나님 앞에 영광과 찬송이 되는 그 놀라운 축복을 우리는 경험하게 될 것입니다. 이 진리 외에는 우리를 위로할 말이 없습니다. 주께서 복되다 하셨으니 우리도 복되다 외칩시다. 주님 앞에 서 있는 우리 이범 집사를 믿음의 눈으로 바라보면서, 얼마 있지 않으면 우리도 세상을 떠나 그분 품 안에서 함께 만날 때까지, 저 높은 곳을 향하여 날마다 믿음으로 나아가는 우리의 생애가 되기를 예수 그리스도의 이름으로 축복합니다.

"지금과 그때"

(고전 13:12-13)

이동원 목사(지구촌교회 원로)

"우리가 지금은 거울로 보는 것같이 희미하나 그때에는 얼굴과 얼굴을 대하여 볼 것이요 지금은 내가 부분적으로 아나 그때에는 주께서 나를 아신 것같이 내가 온전히 알리라 그런즉 믿음, 소망, 사랑, 이 세 가지는 항상 있을 것인데 그중의 제일은 사랑이라"(고전 13:12-13).

본문은 작년 가을, 둘째 아들을 천국으로 보냈을 때 저에게 큰 위로를 주었던 말씀입니다. 누군가가 저에게 우리 시대에 세계적 영향을 끼친 신학자 칼 바르트(Karl Barth)가 자기 아들을 떠나보내고 설교한 본문이라고 전달해 준 말씀이었습니다. 이 말씀을 천천히 묵상하며 저의 슬픔을 이길 수 있었습니다.

　이 세상을 살아가는 사람이라면 누구나 한 번은 사랑하는 사람과의 작별의 시간을 맞이하게 됩니다. 그것은 참으로 가슴 아픈 시간이 아닐 수 없습니다. 예로부터 사랑하는 부모님을 떠나보낸 우리 조상들은 그 고통을 '천붕지통'(天崩之痛), 곧 '하늘이 무너지는 고통'이라 했고, 자식들을 앞세울 때에는 '참척지변'(慘慽之變), 곧 '참혹한 슬픔의 변' 혹은 '땅이 무너지는 고통'이라 했습니다. 그리고 이런 이별의 시간에 우리는 언제나 '왜'라는 질문을 가슴에 품게 됩니다. '왜 이렇게 가야 했는지', '왜 그런 모습으로 가셔야 했는지'라는 물음 말입니다. 조금 더 사실 수는 없었는지, 아니, 조금 더 우리 곁에서 충분한 이야기를 원 없이 나누다 가실 수는 없었는지 말입니다.

　'지금' 우리 중에는 사랑하는 이들의 별세에서 이해하기 어려운 물음을 안고 오늘을 버티며 견디는 분들도 있을 것입니다. '지금' 우리는 옛날 금속 거울이나 청동 거울을 보듯 희미하게 우리가 사랑하는 이들을 천국으로 부르신 하나님의 섭리를 추측하고 있을 뿐입니다. '지금' 우리는 성경이 증거하고 약속하는, 우리가 믿는 저 멀리 천국의 영광조차 희미하게 바라보고 있습니다. 그리고 '지금' 우리는 우리가 사랑했던 사람들의 치열했던 생존의 노력이 어떤 결실을 거두고 있는가를 묻고 있습니다. '지금' 우리는 우리가 사랑했던 사람들이 다시 이 땅으로 돌아올 수 없는 현실 앞에서 오늘 우리의 추모 예배가 과연 어떤 의미가 있는가를 묻고 있기도 합니다. '지금' 모든 것은 거울로 보는 것처럼 희미하기만 합니다. '지금' 우리는 인생의 죽음에 대한 성경의 가르침조차 아주 부분적으로만 조금 알고 있을 따름입니다. 우리가 사랑했던 사람들의 존재가 내게 끼친 영향조차 그가 떠나간 후 비로소 부분적으로 조금 이해되고 있을 따름입니다.

그런데 바울 사도는 본문 12절에서 이렇게 말합니다. "우리가 지금은 거울로 보는 것같이 희미하나 그때에는 얼굴과 얼굴을 대하여 볼 것이요 지금은 내가 부분적으로 아나 그때에는 주께서 나를 아신 것같이 내가 온전히 알리라." 여기서 사도는 '지금'(nuini/now)과 대조적으로 '그때'(tote/then)라는 단어를 강조합니다. '그때'는 주님이 이 땅에 다시 오시는 날일 수 있고, 우리 모두가 이 땅을 떠나 그분 앞에 서는 날일 수도 있습니다. '그때' 우리에게 수수께끼(‘희미하다’의 원문, ainigma/riddle) 같은 모든 삶의 질문이 다 해답을 얻을 것이라고 말합니다. '그때' 우리의 사랑하는 이들을 부르신 주님의 섭리에 대해서도 우리가 온전히 이해하게 될 것입니다. 지금 우리가 주님에 대해 알고 있는 것은 부분적이지만, 그분은 우리에 대해 완벽하게 알고 계십니다. 그분이 우리를 온전히 알고 계신 것처럼, '그때' 우리도 주님이 인생들을 이 땅에 살게 하시고 또 어느 날 그분의 때에 우리를 천국으로 부르시는 이유를 얼굴과 얼굴을 대하듯 분명하고 온전하게 알게 될 것입니다.

'그때까지' 우리는 이 땅과 저세상의 경계선에서 서성거리며 먼저 떠나간 이들을 그리워하며 살게 될 것입니다. 사도 바울은 그때까지 우리가 붙들고 살아야 할 하나님의 세 가지 선물을 제공합니다. 그것은 바로 믿음과 소망과 사랑입니다. 이 세 가지 선물은

제 아들이 이 땅에서 사용한 홈페이지에 자신의 아들(재성, Jayden)과 찍은 사진 아래 새겨 놓은 세 단어이기도 합니다. 어떤 이들은 우리가 천국에 들어갈 때까지는 믿음과 소망이 필요하지만, 천국에 도착하면 사랑만 필요하고 더 이상 믿음과 소망은 필요하지 않을 것이라고 말합니다. 하지만 저는 그런 해석에 동의하지 않습니다. 본문 13절에서 사도 바울은 "그런즉 믿음, 소망, 사랑, 이 세 가지는 항상 있을 것인데"라고 분명하게 말합니다.

그리스도인들은 모두 인생의 여행길에서 하나님의 아들이신 예수님을 구주와 주님으로 만나 그분을 믿음으로 구원을 받고 하나님의 자녀로 살아가기 시작합니다. 그분을 만난 그 순간부터 우리의 인생의 여정은 믿음의 여정이 되었습니다. 우리는 하나님을 믿고, 예수님을 믿고, 하나님과 예수님의 영이신 성령을 믿고 살아갑니다. 또한 하나님 안에서 우리에게 믿음의 동역자로 허락하신 가족들을 믿고 도와 가며 기도 안에 살아갑니다. 때로 인간성의 연약함 때문에 이 믿음이 흔들리기도 하지만, 한 시인의 시처럼 흔들리지 않고 피는 꽃이 어디 있으며, 젖지 않고 피는 꽃이 어디 있겠습니까? 우리의 믿음은 바람과 비를 맞으며 믿음의 꽃을 피워 온 것이 아니겠습니까? 저는 천국에서도 이 믿음은 여전히 필요하다고 생각합니다. 믿음은 완성품이 아니라 자라는 것이기 때문에, 우리는 그 나라에서 더 큰 온전한 믿음으로 하나님을 믿으며 그 믿음 안에서 서로의 믿음을 확인하며 즐거워할 것입니다.

그리스도인들은 천국의 시민이 된 순간부터 완성된 천국의 영원한 소망을 안고 살아갑니다. 성경의 기자들은 그 소망이 살아 있는 소망(living hope)이고, 복된 소망(blessed hope)이고, 확실한 소망(sure hope)이라고 말합니다. 믿음이 우리에게 소망을 안겨 준 것입니다. 그래서 우리는 이 불완전한 세상에 사는 동안 그 하늘의 소망으로 이 땅의 모든 환난과 시련을 이기고 살아갑니다. 그런데 이 소망은 천국에 도착하면 그것으로 끝나는 소망일까요? C. S. 루이스 교수는, 천국은 우리의 거룩해진 자아가 끝없이 확장되는 곳이라고 말합니다. 천국에서도 우리는 할 일이 있고, 그 일들을 통해 우리는 하나님을 영화롭게 할 것이라고 말합니다. 그래서 천국은 못다 이룬 우리의 자아의 꿈을 실현하는 곳이라고 말합니다. 이 세상이 삶의 전부고 그렇게 우리의 사랑하는 이들의 삶이 끝난 것이라면, 그것이야말로 불공평한 인생이 아니겠습니까? 루이스 교수는 반대로 지옥은 더 이상 꿈이 없는 곳, 꿈을 꿀 수 없는 곳이라고 말합니다. 저는 제 아들이 이 땅에서 못다 이룬 꿈을 천국에서 이루게 될 것이라고 믿습니다. 그래서 천국은 소망의 나라입니다.

바울 사도는 본문 13절에서 "그런즉 믿음, 소망, 사랑, 이 세 가지는 항상 있을 것인데 그중의 제일은 사랑이라"라고 말합니다. 사랑이 없는 믿음을 상상할 수 있겠습니까? 사랑이 없는 곳에서 믿음이 자랄 수 있겠습니까? 이 땅의 가정에서 우리가 경험해 온 모든 상처는 서로를 믿지 못함 때문이었고, 믿지 못한 까닭은 결국 사랑의 결핍 때문이 아닙니까? 사랑이 없는 소망을 상상해 보십시오. 더 이상 사랑이 기다리지 못하는 곳에서 무엇을 소망한단 말입니까? 사랑이 없는 곳에 우리가 소망할 무엇이 있겠습니까? 이 땅에서 소망을 접어 버린 모든 사람들에게 왜 소망을 포기했는지를 물어보십시오. 그들의 소망을 키워 주는 사랑이 없기 때문입니다. 로마서 5장 5절의 말씀이 무엇입니까? "소망이 우리를 부끄럽게 하지 아니함은 우리에게 주신 성령으로 말미암아 하나님의 사랑이 우리 마음에 부은바 됨이니." 그렇습니다. 사랑이 소망을 지키는 것입니다. 그래서 바울 사도는 말합니다. "믿음, 소망, 사랑, 이 세 가지는 항상 있을 것인데 그중의 제일은 사랑이라."

천국은 믿음의 나라요, 소망의 나라입니다. 그러나 그 이상으로 천국은 사랑의 나라입니다. 왜냐하면 그중의 제일인 사랑이 다스리는 나라이기 때문입니다. 우리가 하나님의 은혜로 구원받고 그분의 백성이 되었지만, 아직 우리는 온전해지지 못한 상태에서 '지금' 여기에서의 삶을 살아가고 있습니다. 그래서 지금 우리의 믿음도 불완전하고, 소망도 불완전합니다. 사랑도 불완전합니다. 그러나 '그때' 우리의 성화가 완성된 상태로 들어가는 천국에서 우리는 비로소 완전한 사랑을 경험하게 될 것입니다. C. S. 루이스 교수는, 그때 그 나라에서는 우리가 충동대로 맘껏 행동해도 서로에게 상처를 주지 않을 것이라고 말합니다. 이 땅에서는 사랑의 이름으로 얼마나 많은 상처를 주고받았습니까? 우리는 마치 고슴도치처럼 외로워서 서로에게 접근했다가 서로를 찌르는 상처만을 주고받지 않았습니까? 천국은 상처받지 않는 사랑으로 서로를 영원히 사랑하는 곳입니다. 반대로 지옥은 치유 받지 못한 이기심으로 끝없이 서로를 영원토록 상처 내는 곳이라고 말합니다.

은혜로 구원받은 것을 기뻐하십시오. 은혜로 사망에서 생명으로, 지옥에서 천국으로 옮겨진 것을 기뻐하십시오. 천국은 은혜가 완전하게 통치하는 곳입니다. 완전한 사랑이 통치하는 곳입니다. 우리가 사랑하는 이들이 그 나라에 간 것을 기뻐하십시오. 거기서 머지않은 그때에 다시 만나 서로를 용서하고 영원토록 사랑하게 될 것을 기대하십시오. 이 은혜와 사랑을 주신 주님을 거기서 영원토록 즐거워하며 사랑하는 사람들과 함께 예배함을 기대하십시오. 그때 그 빛난 하늘 집에서 주의 얼굴을 뵈올 것과 우리가 사랑하는 이들의 아름다운 얼굴을 다시 볼 것을 기대하십시오.

우리가 부르는 소망의 찬양 중에 새찬송가 489장 〈저 요단강 건너편에 찬란하게〉라는 찬양이 있습니다. 이 찬양의 영어 제목은 〈Face to Face with Christ, my Saviour〉(나의 구주 그리스도와 얼굴을 맞대고)입니다. 툴러(G. C. Tullar)라는 미국 목사님이 병원에 입원한 교우를 심방해서 치유 기도를 드리고 있었는데, 기도 중에 교우가 목사님 손을 잡고 속삭이기를 "목사님, 저 치유 기도보다 이제는 주님 앞에 가서 주님 얼굴 뵙도록 기도해 주세요" 하더랍니다. 특별한 감동을 느끼며 집에 왔는데 마침 편지 한 통이 기다리고 있었다고 합니다. 찬송 시를 쓰는 시인 브렉(C. E. Breck)이 마침 시 한 편을 보내왔는데, 당시 병원 심방을 다녀온 툴러 목사의 마음을 그대로 그리고 있었다고 합니다. 무한한 감동을 느끼며 바로 그 자리에서 작곡된 찬송입니다.

"저 요단강 건너편에 찬란하게 뵈는 집
예루살렘 새 집에서 주의 얼굴 뵈오리

주가 내게 부탁하신 모든 일을 마친 후
예비하신 그 집에서 주의 얼굴 뵈오리

(후렴)
빛난 하늘 그 집에서 주의 얼굴 뵈오리
한량없는 영광 중에 주의 얼굴 뵈오리"

그때 거기서 우리 주님과 우리가 사랑하는 이들을 다시 만날 것이 기대되지 않습니까? 그렇다면 오늘 이 예배가 우리의 믿음, 소망, 사랑을 더욱 견고히 하고 하늘 위로가 가득히 임하는 자리가 되기를 축복합니다. 지금의 상실의 슬픔을 넘어서서 그때의 만남의 기쁨을 마음 가득 기대하게 되기를 기도합니다. 지금 우리 주

님의 십자가의 고통을 넘어선 그때 주님 부활의 소망을 바라보게
되기를 기도합니다.

천국 환송 예배(미국) - 기도

고창현 목사(토랜스제일장로교회 담임)

우리 삶의 참 주인이 되시는 하나님!

  하나님께서 우리에게 생명을 주셔서 우리로 이 땅에서 살게 하셨고, 예수 그리스도의 십자가 대속의 은혜로 우리를 구원하셔서 저 천국을 향해 나그네 인생길을 걷게 하셨음을 앎에도 우리는 오늘 사랑하는 고(故) 이범 집사를 하나님 품에 떠나보내며 마음 한편이 시리게 아픕니다.

  하나님이 생사의 주관자이시며 우리 삶의 참 주인이심을 믿음에도 지금 우리 눈앞에 보이지 않는 고(故) 이범 집사로 인해 마음이 무너집니다. 한 아내의 소중한 남편, 한 아들의 친구 같은 아빠, 부모의 사랑 받던 아들 그리고 우리 모두의 귀하고 멋진 친구였던 이범 집사를 떠나보내며 하나님을 향해 '왜 지금 이렇게 데려가셔야 합니까'라고 감히 시편 기자들처럼 기도하게 됩니다.

  십자가에서 우리의 죄와 질고를 짊어지신 주 예수여, 우리 이범 집사님과 그 가족을 불쌍히 여겨 주시옵소서. 십자가에서 우리를 위해 "나의 하나님, 나의 하나님 어찌하여 나를 버리셨나이까"(마 27:46)라고 외치셨던 주 예수여, 믿음이 약한 우리 모두를 불쌍히 여겨 주시옵소서. 이 시간 죽은 나사로를 바라보며 함께 흐느끼며 눈물 흘리셨던 예수님을 바라봅니다. 죽은 나사로를 다시 살리시며 믿음 없는 우리에게 부활의 확신을 심어 주신 주님을 바라봅니다.

주여, 모든 해답을 다 가지고 살아갈 수 없는 것이 연약한 우리 피조물의 인생이기에 솔직히 주님의 선하시고 온전하신 뜻을 다 이해할 수는 없지만, 그럼에도 십자가의 예수 그리스도처럼 고통 가운데 믿음의 눈을 들어 순종의 발걸음을 내딛는 우리 모두가 되기를 소망합니다. 하나님! 다윗이 사랑하는 아들을 떠나보내며 다시 몸을 씻고 의복을 갈아입고 여호와의 전에 나아가 믿음으로 예배하면서 "나는 그에게로 가려니와 그는 내게로 돌아오지 아니하리라"(삼하 12:23)라고 고백한 것처럼 믿음의 눈을 들어 하나님을 바라봅니다.

욥이 그 뜻하지 않은 고난과 시련을 통해 오히려 당신을 더 온전하게 바라보며 "내가 주께 대하여 귀로 듣기만 하였사오나 이제는 눈으로 주를 뵈옵나이다"(욥 42:5)라고 고백한 것처럼, 합력하여 선을 이루는 주의 은혜로 이 가족을, 우리 모두를 붙잡아 주시옵소서. 우리가 함께 찬양하며, 기도하고, 말씀을 듣는 가운데 우리를 위로하실 성령님의 감동하심, 만져 주심을 소망합니다.

지금만 바라보고 사는 미련한 우리에게 주님과 재회하는 그때가 있음을 다시 한 번 깨닫고, 사랑하는 이범 형제와 재회할 그날을 소망하는 시간이 되게 하여 주시옵소서. 42년 전 이범 형제를 이 땅에 보내시고, 주변 사람들에게 사랑과 우정을 나누게 하심으로 그리스도의 향기를 맡게 해 주신 우리 삶의 참 주인 되시는 예수 그리스도의 이름으로 감사하며 간절히 기도하옵나이다. 아멘.

오정현 목사(사랑의교회 담임)

자비로우신 하나님, 성도의 죽음을 귀하게 보시는 살아 계신 하나님 아버지, 오늘 이 시간, 우리 이범 집사가 눈을 뜨면 가장 기뻐하고 반가워할 가족들, 또 영적인 가족들이 함께 모였습니다. 분당 지구촌교회의 하늘 문을 여시고, 성부와 성자와 성령 하나님께서 예비하신 한없는 위로와 평강이 임하는 시간 되도록 인도하여 주옵소서.

지금 저희들에게 "내 양은 내 음성을 들으며 나는 그들을 알며 그들은 나를 따르리니, 내가 그들에게 영생을 주노니 그들을 내 손에서 빼앗을 자가 없으리라"는 선한 목자 되신 주님의 음성을 깨닫고, 주님 품에 안긴 고(故) 이범 집사를 추모하며 주님의 심정을 깨닫는 생명의 시간 되게 하옵소서.

살아생전 이범 집사는 맑고 깨끗한 영혼으로, 또 사랑하는 부모님 이동원 목사님과 사모님께는 한없는 기쁨이 되고, 아내 고유현 자매와 재성이에게는 따뜻한 남편이자 아빠였던 것을 기억합니다. 한국과 미국에서 Korean-American으로서 가정과 사회의 책임을 다하려고 늘 긍정적으로 열심히 살고, 열심으로 애썼던 그의 모습을 저희들은 기억합니다. 삶의 곳곳에 배어 있는 그의 숨결과 마주칠 때, 우리에게는 큰 슬픔이 있지만 주님만이 주실 수 있는 하늘의 참된 위로와 소망을 허락하옵소서.

이제 육신적으로 이범 집사의 모습을 더 볼 수는 없지만, 저희들은 확신합니다. 죽음은 결코 벽이 아니라 새로운 문이 열리는 것임을…. 우리는 이범 집사가 육신의 장막을 벗어나 영광의 궁전에 입성한 것을 확실히 믿습니다. 그래서 우리는 이범 집사를 잃어버린 것이 아니라, 천국에 먼저 보냈다는 것을 기억합니다.

이 땅에서 남편과 잠시 헤어진 고유현 자매와 아들 재성이를 우리 주님께서 살펴 주시고, 주님께서 키워 주옵소서. 사랑하는 아들을 먼저 천국에 보낸 이동원 목사님과 사모님께는, 우리 이 목사님의 열 가지 감사의 고백이 그대로 확인되게 하옵소서. 그리하여 고통 받는 수많은 사람들에게 용기를 주시고, 우리 모두가 천국을 더 소망하는 은혜를 베풀어 주옵소서.

이제 남은 저희들, 이 땅이 종착지가 아니라 경유지임을 기억하고, 이 땅에서는 순례자의 삶을 살고 천국에서는 주인공처럼 사는 은혜를 주옵소서. 그리하여 모두가 주님 앞에 섰을 때, "잘했다 충성된 종아"라고 칭찬받게 하옵소서.

이제, 모든 천국 환송 절차를 순적하게 하시고, 말씀을 전하시는 홍정길 목사님께도 먼저 주님께서 크신 위로를 주시고, 또 홍 목사님을 통하여 주께서 예비하신 귀한 말씀을 듣게 하옵소서.

우리 모두를 영원한 사망에서 구원하시고, 참 소망이 되어 주시는 예수 그리스도 이름 받들어 간절히 기도 올리옵나이다. 아멘.

이재훈 목사(온누리교회 담임)

이제는 사망 권세를 깨뜨리시고 그를 믿는 모든 자에게 영원한 생명을 주시는 예수 그리스도의 은혜와 독생자를 십자가에 못 박아 죽음에 내어 주시기까지 희생하시는 하나님의 그 크신 사랑하심과 죽음의 고통으로 가득한 이 세상 가운데 천국의 순례자로 생명의 능력으로 승리하도록 도우시는 성령님의 충만한 임재하심이, 그리스도의 신실한 제자요, 세상을 변화시키는 하나님의 일꾼이요, 사랑하는 아들, 사랑하는 남편, 사랑하는 하나님 아버지를 자녀에게 보여 주는 진실한 아버지였던 고(故) 이범 집사의 떠남을 슬퍼하며 이루 말할 수 없는 고통과 슬픔 속에서도 부활의 소망으로 영생의 믿음을 드러내며 하나님께 영광 올려 드리는 이동원 목사님, 모든 가족들, 그를 그리워하는 친구들, 모든 성도들 위에 영원토록 함께하시기를 간절히 축원하옵나이다. 아멘.

김우준 목사(토렌스 조은교회 담임)

사랑하는 이범 집사님, 집사님과의 마지막 통화 내용이 아직도 마음에 깊은 울림으로 남아 있습니다.

"고통을 통해 주님만을 바라볼 수 있어서, 주님을 더 깊이 알 수 있어서 감사합니다."

고통 중에도 주님과의 친밀한 동행으로 인해 감사하다는 집사님의 고백을 들으며 얼마나 많이 울었는지 모릅니다.

지난날의 추억을 되짚어 보면 모든 것이 감사할 뿐입니다. 언제나 장난기 있는 밝은 미소로 대화를 나누던 집사님의 모습, 그러나 예배 시간만큼은 진지한 모습으로 집중해서 말씀을 듣던 모습, 사랑하는 아내와 아들을 그리고 주위 모든 사람들을 따뜻하게 배려하던 집사님의 모습이 아직도 마음속에 고스란히 쌓여 있습니다. 우리가 함께 나누었던 대화 속에서, 분주한 일상 속에서도 주님 앞에서 신실하게 그리고 가족을 위해 성실하게 살려는 집사님의 열정을 엿볼 수 있어서 참 좋았습니다.

2020년 1월, 우리가 함께 웃으면서 대화를 나누었던 것이 기억납니다. 과거의 추억, 현재의 고민거리와 삶에 대한 생각들 그리고 앞으로의 계획…. 그날 집사님의 호탕한 웃음소리가 아직도 귓가에 들리는 듯합니다. 그때는 불과 몇 달 후에 집사님이 병원에 누워 있을 것이라고는 상상도 못 했습니다. 그렇게 건강했던 집사님이 병실에 누워 있는 모습이 너무 낯설어서 당혹스럽기만 했습니다. 집사님의 건강 회복을 위해 기도하면서 주님께 이럴 수는 없는 거라며 얼마나 떼를 썼는지 모릅니다. 집사님을 먼저 떠나보내던 날 먹먹한 가슴을 안고 한참을 멍하니 서 있었습니다.

그동안 함께했던 모든 시간들이 하나도 당연하지 않은 주님의 은혜였음을 이제야 깨닫습니다. 고통 중에서도 주님과 함께함으로 인해 감사하다는 집사님의 고백을 잊지 않겠습니다. 그 고백이 우리 삶에 힘 있는 웅변이 되어 아직까지도 파장을 일으키고 있습니다. 언젠가 밝게 웃으며 다시 만날 그날을 기약하며 오늘도 십자가의 길을 감사하며 걷겠습니다.

당신이 그립습니다(We miss you so much).

강준민 목사(새생명비전교회 담임)

사랑하는 이범 집사님!

집사님을 추모하는 이 시간, 수많은 분들이 애도의 시간을 함께 보내고 있습니다. 사랑하는 부모님과 아내 그리고 그토록 아끼는 아들을 이 세상에 두고 떠나야 했던 집사님의 마음이 자꾸 생각납니다. 얼마나 힘드셨습니까? 얼마나 마음이 아프셨습니까? 어떻게 눈을 감으실 수 있었습니까? 자신보다 더 소중한 사랑하는 가족들을 위해 살아내려고 몸부림치신 것을 압니다. 그런 까닭에 가슴 먹먹한 마음으로 추모의 글을 올립니다.

저는 집사님의 이름을 20대 청년 목회자 시절 아버님의 세미나를 통해 들었습니다. 그날 이후로 집사님은 제게 동경의 대상이 되었습니다. 어느 날 성장해서 집사님이 한동대 법률대학원에 입학했다는 소식을 들었습니다. 아버님은 집사님이 한동대 법대에서 공부하고 수석으로 졸업한 것을 기뻐하셨습니다. 그리고 집사님은 같은 법대에서 만난 고유현 자매님과 결혼해서 행복한 결혼 생활을 해 오셨습니다. 결혼 후 두 분은 보배와 같은 아들 재성이를 낳으셨습니다.

집사님 부부가 손자를 아버님 품에 안겨 주신 것은 아버님께 드린 가장 소중한 선물이었습니다. 그날 이후로 아버님 이동원 목사님은 손자를 향한 깊은 애정을 보이셨습니다. 미국 국제 변호사 자격을 취득하시고, 또한 더 깊은 뜻을 품고 USC 법학 대학원에서 공부하시는 동안 아버님은 LA를 이전보다 자주 방문하셨습니다. 제 생각이긴 하지만, 손자를 보기 위해 LA에 있는 교회에서 집회 초청을 하면 우선적으로 수락하고 오신 것 같았습니다.

집사님은 부모님께 큰 기쁨이 되신 분입니다. 아버님의 칠순 잔치 때 집사님이 아버님께 쓴 편지를 읽었습니다. 그 편지에서 목회 사역 때문에 자신과 시간을 많이 보내지 못한 아버지를 용서하셨지요. 집사님은 짧은 용서의 글과 함께 아버지에 대한 많은 감사로 편지를 가득 채우셨습니다. 무엇보다 예수님을 만나 영생을 얻게 해 주신 아버님께 감사하셨지요. 스스로를 말썽꾸러기라고 표현하셨지만 집사님은 부모님의 가장 큰 자랑이셨습니다.

저는 지난 2월에 집사님이 대장암으로 수술을 받게 되었다는 슬픈 소식을 들었습니다. 또한 집사님의 수술과 회복을 위한 중보기도 부탁을 받았습니다. 그날 이후로 제 아내와 저는 하루에도 몇 번씩 이범 집사님의 이름을 부르며 하나님께 중보 기도를 드렸습니다. 하지만 하나님은 집사님을 천국으로 데려가셨습니다. 우리 모두는 집사님을 보내고 싶지 않습니다. 정말 놓고 싶지 않습니다. 하지만 우리가 예수님 안에서 믿고 있는 확실한 진리가 있습니다. 예수님을 구주로 영접한 집사님은 몸은 죽음을 맞이했지만 영혼은 지금 하나님의 품 안에서 안식하고 있다는 진리입니다. 집사님은 죽으신 것이 아니라, 천국에 살아 계시다는 진리입니다.

사랑하는 이범 집사님! 사랑하는 아들을 가슴에 묻어야 하는 부모님께 무슨 말씀으로 위로를 드려야 할지 모르겠습니다. 하지만 독생하신 아들 예수님을 십자가에 내어 주신 하나님 아버지는 부모님과 집사님의 사랑하는 아내와 아들의 고통을 아십니다.

인생은 나이의 짧고 긴 것에 의해 결정되는 것이 아닙니다. 얼마나 가치 있고 의미 있게 살았느냐에 따라 결정됩니다. 얼마나 사랑하는 삶을 살았느냐에 따라 결정됩니다. 이범 집사님은 가치 있고 의미 있는 삶을 사셨습니다. 사랑하는 삶을 사셨습니다. 주어진 삶에 최선을 다하셨습니다. 탁월한 지성과 아름다운 성품과 깊은 신앙으로 사람들을 섬기셨습니다. 예수님은 서른세 살의 젊은 나이에 죽으시고, 부활하시고, 승천하셨습니다. 우리는 이범 집사님을 젊은 나이에 부르신 하나님의 섭리를 다 헤아릴 수 없습니다. 고난의 신비를 다 알 수 없습니다. 하지만 우리가 천국에 가면 그 섭리를 알게 될 것입니다.

집사님은 우리에게 올 수 없지만, 우리는 머지않은 날에 집사님

곁으로 갈 것입니다. 사랑하는 집사님이 하나님의 품에 안긴 후에 천국이 더욱 가깝게 느껴집니다. 부디 주님 품 안에서 안식하십시오. 천국에서 이 땅에 남아 있는 부모님과 아내와 아들을 위해 기도해 주십시오.

주님의 크신 위로와 평강이 유가족 위에 함께하시기를 빕니다.

최성은 목사(지구촌교회 담임)

"그러나 이 모든 일에 우리를 사랑하시는 이로 말미암아 우리가 넉넉히 이기느니라 내가 확신하노니 사망이나 생명이나 천사들이나 권세자들이나 현재 일이나 장래 일이나 능력이나 높음이나 깊음이나 다른 어떤 피조물이라도 우리를 우리 주 그리스도 예수 안에 있는 하나님의 사랑에서 끊을 수 없으리라"(롬 8:37-39).

우리 이범 집사님의 투병 소식과 병세의 악화, 소천하기 전 참 긴급했던 며칠간의 일들을 듣고 지켜보면서 정말 안타까운 마음을 금할 길이 없었습니다. 투병 소식을 듣고 함께 한마음으로 기도해 오던 저희 한국 지구촌교회 모든 성도 역시 저와 동일한 마음입니다. 저희의 마음도 이렇게 아픈데, 사랑하는 아들을 먼저 주님 품으로 보내신 원로 목사님과 사모님 그리고 남편을 먼저 보낸 고유현 집사님과 아들 재성 군을 포함한 모든 유가족들의 마음은 또 얼마나 아프고 슬프겠습니까.

이범 집사님은 한국어와 영어에 능통하고, 두 문화도 잘 알고, 또 학문에도 뛰어나 한국과 미국에서 변호사로 활동했었습니다. 그리고 한국 지구촌교회와 토렌스 조은교회 등에서 귀하게 성장했고, 또 교회를 섬겨 왔습니다.

올해 초에 함께 만났을 때 웃는 모습이 참 매력적인 사람이라는 생각이 들었습니다. 성품도 온유했습니다. 성격도 쾌활하고 운동도 좋아해서 저와 함께 시간을 내서 농구도, 운동도 하자고 했었습니다.

하나님을 사랑하고, 또 모든 사람이 좋아하고, 뛰어난 재능으로 장래가 촉망되는 그런 40대의 젊은이를 하나님께서 왜 그리 급하게 부르셨을까, 정말 우리는 많은 질문과 고민 속에 있습니다. 이동원 목사님의 말씀처럼 우리는 결코 쉽게 다 이해할 수 없습니다. 우리도 천국에 가 보아야 그때 비로소 하나님의 온전하신 뜻을 발견할 수 있을 것입니다. 그러나 동시에 우리는 하나님의 부르심에는 실수가 없다고 믿습니다. 이 땅에 태어나게 하신 것도 하나님의 신비, 은혜로 구원을 주신 것도 하나님의 신비, 또 이 땅의 삶을 영위하게 하시는 것도 하나님의 신비 그리고 마지막으로 다시 부르시는 것도 하나님의 신비 가운데 있음을 믿습니다.

저는 개인적으로 하나님께서 천국에서 이범 집사님이 너무나도 필요해서, 정말 옆에 두고 싶으셔서 부르신 것은 아닌지 그리고 이범 집사님의 평범하지 않은 소천을 통해 우리에게 큰 깨달음과 역설적인 소망을 주시려는 것이 하나님의 뜻은 아닌지 생각해 봅니다.

사랑하는 아들이요, 남편이요, 또 아버지요, 사위요, 친구를 주님 품으로 보낸 그 슬픔과 아픔을 무엇으로 위로할 수 있을까요. 십자가에서 사랑하는 아들을 잃어버린 경험이 있으신 우리 하나님께서 베푸시는 큰 위로와 평강이 슬픔과 아픔 가운데 계신 모든 유가족들에게 임하기를 기도하며 소원합니다.

> "자기 아들을 아끼지 아니하시고 우리 모든 사람을 위하여 내주신 이가 어찌 그 아들과 함께 모든 것을 우리에게 주시지 아니하겠느냐"(롬 8:32).

지구촌교회 공동체와 함께 계속해서 모든 분들에게 평강 주시기를 기도하겠습니다. 끝으로 이미 더 이상 아픔이 없고 또 눈물이 없는 주님 품에 안겨 계신 이범 집사님을 다니엘서 말씀으로 추모합니다.

> "지혜 있는 자는 궁창의 빛과 같이 빛날 것이요 많은 사람을 옳은 데로 돌아오게 한 자는 별과 같이 영원토록 빛나리라"(단 12:3).

미첼 리 목사

(Rev. Mitchell Lee[Pastor of Grace Community Church, Maryland])

* Mitchell Lee는 범의 유년 시절 친구로서, 그 부모는 워싱턴 지구촌교회의 신실한 집사였다. 그는 나의 모교인 미국의 사우스이스턴침례신학교 졸업 후 워싱턴 근교에 약 5천여 명이 출석하는 Grace Community Church 담임 목사가 되었으며, 미국에서 인정받는 설교자가 되었다. 그는 한인 2세 중 가장 큰 교회의 리더가 되었다.

제가 목사 됨을 가장 치열하게 느끼는 순간이 있다면 슬픔을 겪는 사람들과 함께 걷는 시간일 것입니다. 특히 암과 투병하는 사람들의 여정에 함께할 때입니다. 그러나 이번의 여정은 특별히 깊은 아픔을 느끼게 합니다.

범은 문자 그대로 여러 면에서 저의 진정한 형제였습니다. 저의 어린 시절의 추억 속에서 범과 황은 어디에서나 존재하는 가장 중요한 기억이었습니다. 많은 경우 우리 셋은 거룩하지 못한 삼위일체이기도 했습니다. 하지만 우리는 너무나 재미있는 시간들을 함께했습니다. 물론 트러블 메이킹의 시간도 함께했고요. 함께 잔 밤들도 적지 않았고, 범은 아예 저의 침실에 전용 칫솔을 놓아두곤 했습니다. 그리고 옷이 더럽혀질 때를 대비해서 여벌의 옷도 준비해 두곤 했습니다.

부모의 허락 하에 학교 수업을 빼먹을 때 범은 언제나 저와 함께한 사람이었습니다. 그리고 우리는 워싱턴 미식축구 팀인 레드스킨이 슈퍼볼 우승을 하는 축제의 자리에 함께할 수 있었습니다. 밤새워 그들의 게임을 함께 지켜보고, 그들의 승리의 축제 퍼레이드에 함께 가기를 소원했던 시간들…. 저는 지금도 백악관 앞에서 레드스킨 모자를 쓰고 범과 함께 서 있던 사진들을 간직하고 있습니다.

우리는 스포츠를 함께 좋아했고, 함께 경기에 참여했고, 함께 경기를 계획하곤 했습니다. 그러나 범은 좀 더 다른 차원의 스포츠 감각을 갖고 있었습니다. 그는 바닥에 신문의 스포츠 기사를 펼쳐 놓고 최근 경기들의 통계를 분석하곤 했습니다. 우리는 함께 수십 시간의 농구 경기를 하며 자랐습니다. 그러면서도 우리는 희한하게 서로에게 선물을 준 일이 없었습니다. 심지어 생일 선물도, 성탄 선물도 말입니다. 이유를 아십니까? 왜냐하면 제 것은 다 범의 것이었고, 범의 것은 다 제 것이었기 때문입니다. 장난감도 공유했고, 입는 옷도 공유했고, 심지어 속옷도 교환했습니다.

그런데 대학을 졸업한 후 범이 제게 워싱턴 위저드 로고가 새겨진 운동복을 선물한 일이 있었습니다. 등판에는 마이클 조던 (Michael Jordan)이라고 새겨져 있었습니다. 그는 저를 마이클 조던 같은 존재로 높여 주고자 한 것입니다. 아마 제가 조던이었다면 범이는 제게 스코티 피펜(Scottie Pippen) 같은 존재였음을 말하고 싶어 한 것 같습니다. 지금 여기 그 운동복을 가지고 왔습니다. 이 운동복은 너무 커서 제게 사이즈가 맞지 않습니다. 해서 저는 이 운동복을 20년 동안 입지 못하고 보관만 해 왔습니다. 그런데 이 자리에서 이 상의를 입겠습니다.

지나간 수일 동안 저는 그동안 잊고 있었던 수많은 범이와의 추억을 떠올리며 흐르는 눈물을 주체할 수 없었습니다. 어떤 기억들은 저를 웃게 만들기도 했고, 아프게 만들기도 했습니다. 저의 아버지가 세상을 떠나시기 수주 전, 범이가 워싱턴을 방문해서 함께 나누었던 식사는 우리의 마지막 만찬이었습니다. 그것은 우리 아버지와 함께했던 다른 추억들을 떠올리게 했습니다. 아버지와 범의 '묵찌빠' 게임의 추억들… 마치 쿵푸 게임의 장면처럼 우리는 과거를 회상했고, 오늘 우리가 아버지가 된 의미, 삶의 의미, 우리의 꿈, 우리의 두려움, 우리의 희망을 함께 나누며 많이 먹고, 많이 웃었습니다.

성경에는 탄식 혹은 비탄의 시들이 있습니다. 그것들은 하늘의 절규, 하늘을 향한 불평이라고 할 수 있습니다. 이 팬데믹의 시간을 지나며 그리고 범이가 겪은 암과의 투병의 시간을 회상하며 우리는 탄식하고 불평할 수밖에 없습니다. 나의 형제를 떠나보내는 나의 슬픔은 나의 탄식입니다.

제가 범과 마지막 페이스 타임을 가진 것이 지난 2월, 범이 암 진단을 받은 직후였습니다. 그때 저는 성지 순례를 인도하느라 예루살렘에 있었습니다. 저는 거기 예루살렘 옛 성 레몬나무 아래서 범의 얼굴을 보며 페이스 타임을 시작했습니다. 그는 처음으로 저를 '미첼 형'이라고 부르며 자신은 이 암과 싸울 거라고, 기도해 달라고 했고, 우리는 함께 기도했습니다. 물론 그때의 기도가 오늘의 결말로 다가올지는 몰랐습니다.

그러나 저는 오늘 제가 범과 마지막 대화를 나눈 곳이 예루살렘 옛 성이었음을 떠올리게 되었습니다. 바로 그곳에서 우리 구주 예수께서 체포되셨고, 재판 받으셨고 그리고 십자가에서 죽으셨습니다. 그리고 거기에 다시 오실 것이라고 약속하셨습니다.

성경의 마지막 장인 요한계시록 21장에 보면 예수께서 다시 오실 때 새 예루살렘이 하늘에서 내려온다고 말씀하고 있습니다. 그때 우리는 거기서 하나님과 함께 거하며 다시 눈물도, 고통도, 아픔도, 암도, 죽음도 없는 곳에서 살 것이라고 말씀합니다. 저는 그때 거기 예루살렘 옛 성에서 범이와 나눈 대화를 기억하며 제가 범의 얼굴을 다시 보게 될 곳이 바로 그 새 예루살렘일 것을 상기한 것입니다. 그때 우리는 부활의 몸을 입고 예수님과 함께 있게 될 것입니다. 그때까지 저는 범을 그리며 탄식할 것입니다. 그때까지 우리는 인생이 선물이고, 하나님이 우리에게 주신 관계 또한 소중한 선물임을 기억하며 살아가고자 합니다.

그날 우리는 형제 범을 다시 만날 뿐 아니라, 우리 구주 예수님을 얼굴과 얼굴을 대면하여 뵙게 될 것입니다. 그것이 오늘 저의 소망, 우리의 소망입니다.

천국 환송 예배(미국) - 추모사

존 리(John Lee[중·고등학교 친구])

오늘 우리는 범이를 떠나보내는 슬픔의 자리로 여기 모였습니다. 그러나 동시에 그의 삶을 축하하기 위해 모였습니다. 지난 한 주 동안 범에 대한 기억이 홍수처럼 밀려왔습니다. 그리고 그 기억은 오랫동안 제가 잊고 있었던 것들이었습니다. 우선 범을 처음 만났을 때의 기억이 떠올랐습니다. 범은 저의 가장 오랜 벗이었습니다. 중학교 때부터 친구였으니까요. 학교에 처음 입학하면 우리는 서로를 낯설어합니다. 그런데 제가 식당에 들어갔을 때 범이가 먼저 제게 걸어와 점심을 같이하자고 청했습니다. 저는 몸집이 큰 편인데 제가 배고픈 표정으로 보인 듯합니다. 사실 그때 전 배가 고팠고, 그래서 그의 청을 수락하여 점심을 함께했습니다. 이어서 범은 자신의 친구 모두를 제게 소개함으로 우리의 관계는 시작되었습니다.

이제 제가 경험한 범의 세상을 열어 보고자 합니다. 범은 우선 큰 가슴을 가진 친구였습니다. 그는 상대가 누구든 있는 그대로 상대를 수용하는 친구였습니다. 그는 사람을 판단하지 않고 상대의 모습 그대로 사람을 편안하게 하는 은사가 있었습니다. 저는 이 대목에서 범을 그렇게 양육한 범의 부모님에게 양육의 놀라운 책임을 다하신 노고를 치하 드리고자 합니다. 범이가 만나는 모든 사람을 사랑하고 긍정적인 지지를 한 것이라든지, 그의 긍휼과 공감 능력은 의심의 여지없이 그가 부모님께 직접적으로 받은 영향 때문인 줄 알기 때문입니다. 그래서 그런 놀라운 한 인격을 키워 주신 부모님께 이 자리를 빌려 감사를 드립니다.

이제는 직계 가족에게 몇 말씀을 드리겠습니다. 범의 아들 재성(제이든)! 우리가 직접 만난 것은 이번이 처음이지만, 난 오랫동안 널 알아 온 듯 느꼈단다. 내가 네 아빠와 연락할 때마다 늘 멈추지 못하고 네 자랑을 해 왔기 때문이었지. 네 아빠는 널 언제나 자랑스러워했고 격찬했음을 기억했으면 한다. 너의 똑똑함을 자랑할 뿐 아니라 때로 네가 그린 그림들을 나에게 보내곤 했단다. 그리고 네가 좋아한 여러 스포츠를 얼마나 네가 즐거워했는지, 너의 게임들에 대한 대화를 내게도 들려주었단다. 재성아! 네 아빠는 널 진심으로 사랑했고, 네 아빠에게 너의 존재는 온 세상과도 바꿀 수 없었다는 것, 부디 잊지 말기를 부탁한다.

그리고 범의 아내, 유현(유니스)! 범은 그대를 늘 연모했고, 그대가 아내가 된 것이 늘 행운이라고 말하곤 했다오. 자신의 부족을 채운 완벽한 짝이었다고. 진실로 자기 인생의 트랙에 모든 필요를 채우는 사람이었다고. 그대 때문에 가족으로서 완벽하게 연합할 수 있었다고 늘 말해 왔소. 때로 가족 중에 누가 주도권을 잡느냐가 문제가 되기도 하지요. 그런데 당신의 가정은 그런 문제를 제기할 필요 없이 그대 두 사람은 최고의 친구로 보였다오. 말로만 그런 것이 아니라 실제로 모든 것을 공유하는 커플로 보였다오.

사실 범이 이 세상을 떠나기 전 그에게 꼭 전해 주고 싶은 말들이 있었답니다. 우선 제가 범의 삶에서 흠모했던 것 하나는 우선순위를 따르는 삶이었습니다. 특히 범은 가족 우선주의의 삶을 살았다는 것입니다. 그는 무엇보다 사랑스런 남편, 위대한 아빠가 되길 원했습니다. 다른 모든 것은 이차적이었습니다. 그는 그와 그의 가족 사이에 무엇도 개입할 여지를 허락하지 않은 '가정의 사람'(Family Man)이었습니다.

저는 또한 범의 삶에서 훈련됨과 탄력성을 흠모해 왔습니다. 그는 무엇인가 하기로 결심하면 반드시 관철하는 사람이었습니다. 대학 다닐 때도 신나게 놀다가 공부하기로 결심하면 몇 주, 몇 달씩 열중하는 집중력에 놀라곤 했습니다. 그 시간엔 누구와도 말하지 않고, 방해 받지도 않았습니다. 한번은 범이 레드스킨 축구 팬으로 함께했던 시간을 알기에 제가 엑스트라 티켓을 확보했다고 유혹해 본 적이 있었습니다. 그러나 그는 제 메일에도, 전화에도 응답하지 않았습니다. 그의 의지력에 제가 손을 들었던 것입니다.

끝으로 저는 진정 범이 선한 삶을 살았다고 말해 주고 싶습니다. 그를 진정으로 사랑한 가족들과 그를 위해서라면 무엇이라도 할 수 있는 친구들이 있었습니다. 그리고 그는 그가 좋아하고 헌신할 수 있는 직장이 있었습니다. 그리고 무엇보다 그는 하나님과의 견고한 관계 안에서 삶을 누려 왔습니다. 그는 진실로 평범한 사람들이 꿈꾸는 그런 생을 살아왔습니다.

저는 한 사람의 삶의 평가는 그가 남긴 영향력이라고 생각합니다. 범은 그 누구보다도 친구로서 제게 선한 영향력을 끼쳤습니다. 범은 저를 보다 나은 사람이 되게 했습니다. 그는 이제 육체적으로는 더 이상 저와 함께하지 못하지만, 그는 영원히 저의 마음과 생각 속에 살아 있을 것입니다.

범아, 난 널 진심으로 사랑하고 그리워할 거야. 우리가 다시 만날 때까지 평화 속에 안식하기를 기도할게. 안녕!

에릭 엔로우 교수(Dr. Eric Enlow[한동대학교 국제법률대학원장])

저는 이범 형제가 한동대 법률대학원에 가져온 축복과 은혜, 오늘까지 지속되고 있는 그가 끼친 은혜에 대해 한동대학교 국제법률대학원장으로서 이 쉽지 않은 숙제에 대한 큰 부담을 안고 말씀드리고자 합니다.

범이 형제는 2005년에 졸업했는데, 학교의 첫 번째 스승의 날 행사를 범이 형제가 진행한 적이 있습니다. 그날 범이 형제는 저와 저의 가족 그리고 다른 모든 교수진을 위해 기도했습니다. 그는 로스쿨 학생회 회장으로 선출되어 한동대 로스쿨은 기도하는 공동체가 되어야 할 것과, 따라서 학생들은 스승을 위해 기도해야 한다는 아이디어를 제안한 것입니다. 우리는 이 전통, 곧 스승을 위해 학생들이 기도하는 것을 범이 형제가 제안한 그대로 지금도 계속하고 있습니다. 그래서 스승의 날이 되면 한동 로스쿨은 1년에 하루 스승들과 학생들이 함께 모여 서로를 위해 기도하며, 또

173

한 우리 모두의 공통의 스승 되신 예수 그리스도를 찬양합니다. 범이 형제가 처음 계획했던 것처럼 말입니다.

범이 형제는 여러 차원에서 우리에게 교훈을 남겼습니다. 사실 범이 형제가 처음 로스쿨에 입학하고자 할 때 성적은 최선의 상태가 아니었지만, 그러나 그는 분명한 직업의 소명을 가지고 있었고, 이런 소명은 주님의 도우심을 통해 극적인 전환점을 가져왔습니다. 범이 형제는 졸업식에 최우등, 숨마쿰라우디(summa cum laude), 1등으로 졸업할 수 있었기 때문입니다. 이것은 예수 안에서는 과거의 기록만 갖고 사람을 판단해서는 안 된다는 교훈과 함께 우리의 입학 절차에까지 영향을 끼쳤습니다. 우리는 사람이 중요하지 성적의 숫자가 중요하지 않은 것을 알게 되었습니다. 한 사람이 가진 과거의 기록보다 신앙 고백과 소명이 더 중요한 것을 배운 것입니다. 믿음 안에서는 성령의 변화시키는 사역을 통해 그 어떤 문제를 가진 사람도 새 피조물이 된다는 것을 확인할 수 있었습니다.

범이 형제가 그것을 증명했습니다. 그는 1등으로 졸업했을 뿐 아니라 우리 한동 로스쿨 졸업생 중 한국에서 가장 우수한 법무법인 변호사로 일을 하게 된 모본을 남겼습니다. 한국 최고의 로펌에서 일하던 범이 형제 때문에 우리 로스쿨은 무명의 자리에서 최선의 자리로 졸업생들을 보내게 되었습니다. 그가 도달한 최선의 자리로 말미암아 그 후 한동 법률가들은 아주 특별하고 독특한 정신으로 법률계에 기여하게 된 것입니다. 한동 출신들이 어떤 사람들인지 몰랐을 때에 말입니다. 한동 졸업생을 대표해서 미가 6장 8절의 한동 그리스도인 법률가의 윤리적 목표를 훌륭하게 수행한 것입니다.

> "여호와께서 네게 구하시는 것은 오직 정의를 행하며 인자를 사랑하며 겸손하게 네 하나님과 함께 행하는 것이 아니냐"(미 6:8).

범이 형제는 이것을 실천했습니다. 한동 국제 로스쿨 출신으로 한국의 많은 법률가들과 다르게 겸손하고 충성스러운 삶을 사는 것을 보여 줄 수 있었습니다.

입학을 거의 거절당할 뻔했던 이 학생이 우리 학교의 탁월함과 윤리성과 영성의 증언자가 되었습니다. 그리고 그를 따라올 수많은 후배들의 길을 열었습니다. 범이 형제가 없었더라면 오늘의 한동 로스쿨 졸업생들이 한국 법률계에서 기독교적으로 영향력 있는 위치를 가질 수 없었을 것입니다. 범이 형제가 없었더라면 학교의 입학 절차에서 세상과 다른 예수 그리스도 안에서의 가능성에 초점을 맞추지 못했을 것입니다. 범이 형제가 없었더라면 범이 형제가 학생회장으로 기초를 놓은 기도의 전통, 사랑의 전통과 그 밖에 많은 유의미한 한동 로스쿨 전통들이 태어나지 못했을 것입니다.

범이 형제는 재미있고 관대했습니다. 제 이름은 에릭 엔로우입니다. 우리는 일주일에 한 번씩 농구를 했는데, 저의 거친 파울이 종종 경기에 지장을 주었습니다. 범이 형제는 맞받아 마땅한 파울로 대응하기보다 저를 엔로우 교수로 부르는 대신 엘보우(Elbow, 팔꿈치) 교수로 부르곤 했습니다.

진실로 그는 믿음의 삶이 어떻게 세상을 변화시키는가를 보여 줌으로써 오히려 저를 가르쳐 준 저의 사랑하는 제자가 되었습니다. 참으로 우리 한동 법률대학원 모두는 범의 존재로 축복을 받았고, 그가 지나간 학교, 법인들은 모두 그의 믿음과 증거에 의한 놀라운 영향력으로 변화되었음을 증언할 수 있습니다. 우리 모두는 그를 보내신 하나님께 감사하며, 그를 그리워할 것입니다. 부디 하나님께서 범과 우리 모두를 축복하시기를!

이프라임 휘트먼(Ephraim Wittman[친구, 변호사])

벤(벤)을 추모하면서

제 이름은 이프라임(이프롬)입니다. 저는 지금 아부다비에 있어 벤의 추모 예배에 참여할 수 없지만, 이 목사님 내외로부터 추모사를 부탁받은 것을 영광으로 생각합니다. 우리는 함께 아들로, 아버지로, 남편으로, 학급 동료로, 교회 집사로 살아온 친구 벤을 최선의 방법으로 기억하고, 그의 삶을 명예롭게 하는 날로 오늘을 기억하고자 합니다.

저는 벤이를 2003년 한동대 법률대학원의 두 번째 클래스에서 그가 먼저 자신을 소개함으로 만났습니다. 클래스 내에서 유일한 미국인 학생으로 외로웠던 저는 벤과 빠르게 문화와 강의 노트를 나누며 가까워졌고, 학교 법률 실습 시간, 농구 게임, 축구 게임 라이벌로 우정을 나누었습니다. 우리는 한동대 법률대학원을 졸업하고 더 이상 정기적으로 만날 수 없게 되었지만, 그 후 오히려 더 깊은 우정을 나누게 되었습니다.

범에 대한 추모사를 준비하며 대학원 졸업 후 범이와 교환했던 이메일을 들쳐보는 동안 우리의 공통의 관심사인 LLM 프로그램, 일자리 그리고 결혼 상대를 만나는 일까지 하나님의 뜻을 분별하고자 했던 여러 추억들이 떠올랐습니다. 그 메일들을 읽으며 우리의 공통 언어였던 농담, 격려, 난센스 이야기 등을 나누다 늘 우리의 미래를 위해 주님을 찬양하고 신뢰하기로 마음을 먹었던 그 시절을 인해 저는 다시 마음이 뜨거워졌고, 크게 웃으며, 울 수 있었습니다.

말하는 것은 행동하기보다 쉬운 일이지요. 다음 학위를 위해 한동대학원을 떠나 미국으로 돌아가기 전에 몇몇 친구들과 작별 모임을 가진 일이 생각납니다. 그때 한 자매가 한 말을 결코 잊지 못할 것입니다. 떠날 때는 떠나는 사람보다 남겨진 사람들의 마음이 더 힘든 법이라고…. 왜냐하면 떠나는 사람은 새로운 모험으로 분주하지만, 남겨진 사람은 그가 남긴 공백을 더 강하게 느끼며 그 빈자리를 지켜보아야 하기 때문이라고 그리고 함께 나눈 대화, 기억 그리고 그 자리에 남긴 영향들을 반추하기 때문이라고 말입니다.

C. S. 루이스는 슬픔과 아픔을 극복하는 과정을 안내하는 지도는 없다고, 다만 함께했던 역사와 긴 계곡을 통과하는 여정을 반

추하는 묵상을 요구할 뿐이라고 말했습니다. 우리는 그 역사를 결코 잊어서는 안 될 것이며, 범보다 앞서가려 해서도 안 될 것입니다. 친구 범이가 남긴 빈자리를 메울 방법은 없고, 그의 부재로 그가 남긴 기념비적 영향을 대신할 것은 아무것도 없습니다. 우리모두 범을 기리며 축복하는 이 자리에 범 자신이 한 말로 미래의희망을 남기고자 합니다. 범은 늘 이렇게 말했습니다.

"하나님은 계획을 갖고 계시다네. 그러나 우리가 바라던 것과는다른 계획을…. 그래서 우리는 기대할 수 없는 것을 기대해야 하네."

내 친구 범이, 난 너를 그리워할 것이네. 하지만 하나님의 영광안에 다시 만날 것을 기대하겠네. 안녕!

김지만(친구, 쏘카 창업자, CEO)

범이랑 40년 가까이 친구로 지낸 김지만입니다. 올해 1월에 범이네 식구들이 저희 집에 놀러 와서 저녁 식사를 같이했었습니다. 평상시에는 범이가 밥을 되게 잘 먹었는데, 그날따라 잘 못 먹고 안색도 조금 안 좋아 보여서 요즘에 일이 많고 피곤한가 보다 생각을 했었습니다. 아마 그때가 암 판정을 받기 직전이었던 것 같습니다. 그래도 수술을 하고 올해 6월까지만 해도 항암 치료가 잘 되기를 바라면서 저와 같이 가벼운 운동도 했었는데, 이렇게 너무나 빨리 하늘나라로 가 버렸다는 사실이 아직도 믿어지지가 않고 너무 슬픕니다.

무엇보다도 범이랑 저는 PK 동지입니다. 아버지가 목사님인 Pastor Kid였다가, 어렸을 때 부모님 속을 조금 썩인 Problem Kid였다가, 부모님의 간절한 기도와 현명한 아내를 만나서 Proud Kid로 변신한 PK 동지입니다. 그래서 언제나 서로 이심전심 통하는 면이 많았습니다. 서로가 서로를 참 잘 이해하는, 그런 좋은 친구였습니다. 범이는 아마 제가 아는 남자 중에서 가장 달달한 사람일 겁니다. 스위트하다는 표현이 딱 맞죠. 참 표현을 잘했던 것 같습니다. 이러이러해서 고맙다, 이러이러해서 기쁘다, 이런 표현들을 살갑게 잘했던 친구였습니다.

유머와 위트도 어렸을 때부터 넘쳤습니다. 그래서 대화를 하면 항상 유쾌했습니다. 우리 친구들 사이에서 범이가 유행시킨 말들이 참 많습니다. 요즘 유행하는 교포 말투로 하는 유머도 범이가 원조인데요, '와썹맨'에서 god의 박준형 씨가 하는 '대박쓰, 맛집쓰'처럼 모든 단어 끝에 s를 붙이는 것도 범이가 20년 전부터 하던 유행어입니다. 그 외에도 범이가 참 우리 친구들을 웃게 만든 많은 유행어들이 있습니다. 범이는 원체 커뮤니케이션 능력도 좋았고 공감 능력도 좋았고 센스도 있어서, 어디를 가나 항상 인기가 많은 그런 친구였습니다.

범이는 또 배려심이 많고 친절해서 이웃을 도와주는 것을 좋아했습니다. 남이 잘되는 것을 보면 진심으로 같이 기뻐해 주는 아주 마음 따뜻한 친구였습니다. 범이가 고등학생 때 미국에서 이민 1세대인 친구 부모님이 우범 지역에서 장사를 하셨는데, 동네 불량배들이 계속 괴롭히니까 범이가 그 친구 부모님을 돕겠다고 그 가게에서 일한 적이 있습니다. 불량배들이 범이한테 총도 몇 번 겨눈 적이 있을 정도로 위험한 가게였는데, 그럼에도 불구하고 그 친구를 돕기 위해 일을 했던 마음이 참 따뜻한 친구였습니다.

제가 6월에 범이를 마지막으로 만났을 때, 범이의 유일한 걱정은 가족들이었습니다. 많이 미안해했습니다. 범이는 항상 아버지를 존경하고 자랑스러워했습니다. 어머니가 베풀어 주시는 한없는 사랑에 깊이 감사했습니다. 유현 씨와 재성이를 진심으로 사랑했고, 멋진 남편, 좋은 아빠가 되기 위해서 최선을 다한 Family man이었습니다. 특히 유현 씨에게 고맙다는 말을 참 많이 했습니다. 재성이가 밝고 건강하게 잘 자라서 훌륭한 크리스천이 되기를 진정으로 바랐습니다.

범이야! 그동안 좋은 친구로 지내 줘서 고마워. 더 많이 도와주지 못해서 미안하고…. 내가 너의 빈자리를 채워 주기는 힘들겠지만, 그래도 재성이를 위해서 내가 할 수 있는 것은 최선을 다해서 할게. 입학식도 가고, 졸업식도 가고, 야구장도 데려가고, 골프도 가르치고, 잔소리도 하고 그럴게. 유현 씨는 희진이가 잘 챙길 거야.

천국에서 다시 만나자. 안녕.

우영훈(외사촌, 밀레니엄연세치과 원장)

나의 사랑하는 동생, 범이에게

　범이야! 내가 중학교 때 미국 유학을 이유로 고모부 댁에 도착한 지 얼마 안 됐을 때였어. 그날은 약간의 눈발이 흩날렸고 조금 쌀쌀하고 구름이 낀 날이었지. 범이 너는 특유의 덧니 미소를 지으며 나에게 말했지. "형, 풋볼하러 갈래?" 집 뒤의 큰 언덕을 넘어, 눈 덮인 숲속 오솔길을 지나 우린 축구장에 도착했지.

　영어도 못하고 미식축구도 모르던 나는 수줍고 부끄러워 주저하며 거기에 서 있었지. 당시 미국 아이들이 갓 이민 온 친구들을 놀리던 말, 'fresh off the boat'(FOB)였던 나를 초등학교 6학년밖에 안 된 어린 소년이었던 너는 창피할 수도 있었을 텐데 주저 없이 담대하게 너의 친구들에게 소개했었지. 그날 처음 해 보는 미식축구가 정말 재미있었단다.

둘째 특유의 자유로움과 열려 있는 마음, 위트 넘치는 유머가 가득했던 너. 고모, 고모부가 해외 부흥회로 출타하셨을 때 두 분 몰래 우린 친구들을 초대해 하우스 파티로 집을 엉망으로 만들었지. 수습해 보려 했지만 결국 우린 셋 다 엎드려뻗쳐하며 혼났었지. 손재주가 좋았던 황이는 친구들과 우리 머리를 바리캉으로 종종 이발해 주곤 했었지. 그러다 범이 네 머리를 망쳐 너는 울면서 황이와 싸우고 몇 주간 모자만 쓰고 다녔었던 기억, 고모부가 직접 장거리 운전해서 메릴랜드에서 플로리다 유니버설 스튜디오까지 중간 중간 여러 곳을 여행하며 차 안에서 같이 노래 부르던 기억들, 나의 첫 하우스 파티, 첫 학교 댄스파티, 첫 볼링 게임, 첫 농구 게임…. 미국에서 내가 처음으로 경험했던 수많은 일들엔 너와 황이가 항상 함께해 줬어. 나중에 치아 교정을 해서 없어진 너의 특유의 덧니가 보이는 입 큰 미소, 그 친근한 목소리…. 엄마 쪽에서 유전 받은 것 같은 그 부드러운 인상으로 내가 대학 입학 후 기숙사로 갈 때까지 넌 어렸지만 항상 나를 인도해 주었지….

세월이 지나 우린 둘 다 결혼했고, 그 후 각자의 가족들과 사업을 챙기느라 바쁘기만 했지. 그 후 우린 함께할 시간을 별로 갖지 못했지만, 난 너의 목소리, 너의 미소, 아니, 너의 모든 것이 그립기만 했단다. 네가 먼저 하늘나라로 갔다는 것이 아직도 믿어지진 않지만, 네가 고통 없는 그곳에서 위트 있는 농담도 하면서 재밌게 예수님과 얘기하고 있을 장면이 상상되기도 한단다.

범이야, 언젠가 세월이 지나 내가 천국에 가게 되면 옛날 어린 시절 네가 그랬던 것처럼 예수님과 그 나라를 나에게 소개해 주렴. 그러면 난 하나도 부끄럽지도, 주저하지도 않을 것 같아.

내 동생 범아, 너에게 이 말을 남자끼리 부끄러워서 한 번도 못 한 것 같아. 범이야, 나의 동생 범이야. 사랑한다. 우린 널 영원토록 기억할 거야. 하늘나라에서 다시 만날 때까지 널 그리워할 거야….

한동대 법률대학원 졸업 앞둔
Q.T. 묵상 *

이범

"사람아 주께서 선한 것이 무엇임을 네게 보이셨나니 여호와께서 네게 구하시는 것은 오직 정의를 행하며 인자를 사랑하며 겸손하게 네 하나님과 함께 행하는 것이 아니냐"(미 6:8).

법률가로서 미가 6장 8절 말씀을 실천한다는 것에 대하여

문이 꽝하고 닫혔다. 밖에선 강력한 허리케인이 창문들을 흔들고 있었다. 그 순간 난 이것이 심각한 상황이 아니기를… 하고… 나 자신에게 말하고 있었다. 내 관심을 진정시키기 위해 TV를 켰다. 허리케인인지 아님 열대의 태풍이 우리에게 오고 있는지 알아보고자 일기 채널을 찾았다. 그때 내 눈은 스크린의 긴급 뉴스 창에 고정되고 있었다. 두 대의 비행기가 트윈 타워(쌍둥이 빌딩)를 충돌했다는 헤드라인 뉴스였다.

그때부터 내 시선은 TV 스크린에 고정되지 않을 수 없었다. 화염을 피해 100층 빌딩에서 죽음을 무릅쓰고 뛰어내리거나 서로의 손을 잡고 우왕좌왕하는 수많은 사람들…. 이 죽어 가는 수많은 사람들을 내 눈으로 목격해야 하는 참상을 견딜 수 없었다. 난 결국 TV를 끄고 말았다.

도대체 누가 이런 일을 저질렀단 말인가? 하나님의 자비는 도대체 어디에 있단 말인가? 이것이 하나님의 정의란 말인가? 하나님의 정의를 묵상하고 있던 중 또 다른 생각이 나를 사로잡았다. 미가 6장 8절 말씀이 떠오른 것이다. 하나님은 우리가 정의를 행하기를 기대하신다는 것과 정의를 행한다는 것은 무엇보다 우리가 정의롭게 행동해야 한다는 것이었다. 그렇다면 미래의 법률가로서 우리는 이런 세상에서 어떻게 정의롭게 행동할 수 있단 말인가?

특히 우리가 변호인이 되어 의뢰인의 유익을 추구할 때 우리는 또 다른 이들을 해롭게 하는 결정을 내려야 하는 상황에 직면하게 될지도 모른다. 그때 우리의 의뢰인들을 변호하는 과정에서 우리는 또 다른 많은 관계들을 왜곡하고 파괴할지도 모르지 않는가? 이것을 우리는 정의라고 할 수 있겠는가? 다시 말하면, 우리가 원하는 결과를 얻어 내기 위해 관계를 파괴하는 수단을 사용하는 것을 어떻게 정당화할 수가 있단 말인가?

나는 여기에 정의로운 행동은 무엇보다 정의로운 결과를 얻어

내기 위해 그에 걸맞은 정의로운 수단을 사용하는 것이라고 정의하고 싶다. 잠언 21장 6절은 "속이는 말로 재물을 모으는 것은 죽음을 구하는 것이라 곧 불려다니는 안개니라"라고 말씀하고 있다. 무슨 뜻인가? 선한 결과를 얻기 위해 악한 방법을 사용한다면 우리의 선한 동기도 무익하다는 말이 아닌가.

결국 우리가 법률가나 법률학도로서 미가 6장 8절이 가르치는 정의를 행하는 자가 되려면, 우리는 정의로운 결과를 얻기 위해 반드시 정의로운 수단을 사용할 줄 알아야 한다는 것이다. 예를 들어, B가 우리의 의뢰인 A를 공격했다고 하자. 그 경우 정의는 B를 벌 받게 하는 것이다. 그런데 그 증거를 수집하는 과정에서 A의 변호인으로서 B의 친구를 협박한다든지, 혹은 유리한 자리에 있기 위해 B의 변호사에 대한 거짓된 소문을 퍼뜨린다면 우리는 A의 변호인으로 정의롭게 행동했다고 할 수 있을까?

이런 케이스에서 A의 변호인은 A의 피해를 보상받아 주도록 노력한 것임에는 틀림없다. 그러나 A의 변호인이 그 피해를 보상받기 위한 정당한 수단을 사용하지 않았다면 그는 정의롭게 행하지 못한 것이다. 그는 B의 친구가 정당한 수단으로 증언을 하고 B의 변호사에 대한 거짓된 소문을 퍼뜨리지 않고 이 케이스를 다루었을 때에만 미가 6장 8절에 합당한 정의롭게 행한 사람이 되는 것이다.

우리는 2001년 9월 11일에 왜 그렇게 수많은 사람이 죽어야 했는지를 결코 이해할 수 없을지 모른다. 우리는 또 과연 하나님이 정의를 실현하시기 위해 이 사건을 허용하신 여부도 이해할 수 없을지 모른다. 그러나 우리는 법률가로서 하나님이 우리에게 정의로운 수단을 사용하여 정의롭게 행할 것을 기대하신다는 것은 알고 있다. 그리고 정의로운 혹은 적절한 수단 사용에서 우리는 사람들과 선한 관계를 맺는 것이 하나님의 정의의 한 부분임을 기억해야만 한다는 것이다.

나는 이런 유형의 정의를 실천하는 법률인들이야말로 미가 6장 8절에서 하나님이 우리에게 보여 주시고 의도하신 모습이라고 믿는다.

- 아들 범의 추모 예배에 그를 추모하기 위해 참여한 그의 스승 한동대 법률대학원장 에릭 엔로우 교수가 법률대학원 묵상지에 기고한 범이의 책과 글을 가져다주었다. 이 글을 읽고 난 그의 졸업 후에 그가 더 많은 돈과 더 좋은 지위를 누릴 기회를 거절한 이유를 이해하고 더욱 그를 자랑스러워할 수 있었다(아버지 이동원 목사 번역).

4부.

고통과 죽음,
천국에 대한
묵상

- 아들 '범'의 죽음 이후 독서한 책들

_1.__ 《고통은 헛되지 않아요》

_ 엘리자베스 엘리엇, 두란노 역간

엘리자베스 엘리엇(Elisabeth Elliot)은 에콰도르에서 순교한 전설적인
선교사 짐 엘리엇(Jim Elliot)의 아내였다. 휘튼대학에서 만나 선교
의 꿈을 키우고 결혼해서 함께 선교지로 떠난 두 사람의 신혼 생활
은 불과 27개월(2년 3개월)에 지나지 않았다. 그 후 남편과 자신의 선
교적 목표지였던 에콰도르 와오라니 인디언 지역에서 딸과 함께
16년을 사역하며 와오라니 인디언 복음화에 괄목할 만한 열매를
맺는다. 그리고 16년간의 선교 사역 후 그녀는 고향 미국으로 돌
아와 신학자와 재혼하지만, 3년 반 만에 다시 암을 앓게 된 남편과
이별의 아픔을 겪는다. 그 후 세 번째 결혼한 엘리자베스는 치매
를 앓다가 2015년 6월 이 땅의 삶을 마무리하고 천국으로 떠난다.
  이 여인만큼 고통을 치열하게 겪은 사람이 얼마나 될 것인가?
그런데 그녀는 '고통은 헛되지 않다'고 말한다. 그녀는 하나님의 임
재가 자신의 가혹한 현실을 바꾸지는 못했지만, 그 고통이 그녀를
진정한 피난처로 떠밀었다고 고백한다. 계속되는 그녀의 말에 귀
를 기울여 보자. "고통은 세상 누구도 진정으로 이해할 수 없는 불
가사의다. 그리고 이것은 세상 모든 사람이 살면서 한 번쯤은 그
이유를 알기 위해 몸부림치는 불가사의다." 이 모든 고통 속에 하

나님은 어디 계신가? 인간이 겪는 참담한 데이터를 보고도 하나님을 믿을 수 있는가? 그럼에도 불구하고 "나는 고통이 헛되지 않다고 믿는다. 내 인생에서 가장 중요한 큰 교훈은 가장 큰 고난에서 얻은 것들이다"라고 고백하며 가장 깊은 물속, 가장 뜨거운 불속에서 하나님에 관한 가장 깊은 것을 깨달았기 때문이라고 말한다.

엘리자베스는 "하나님, 지금 당신이 행하시는 일이 마음에 들지 않습니다. 이해할 수도 없습니다." 그러나 마침내 "주님 받아들이겠습니다"라고 말했다고 한다. 왜냐하면 그분이 "나를 믿으라. 나와 함께 걷자"고 하셨기 때문이다. 그리고 이런 고통의 심연에서 "네가 다음에 할 일을 하라"고 말씀하시는 음성을 들었다고 한다. 그녀는 선교지로 돌아갔다. 그녀가 지도해야 할 40명의 학생들, 갓 태어난 교회, 성경 번역의 과제 그리고 10개월 된 딸아이를 돌보는 숙제를 감당하고자…. 그리고 고민과 근심은 극복되었다고 말한다. 엘리자베스의 고백은 내게 큰 공감과 용기를 불러일으켰다. 나도 아들과 작별하는 고통의 과정에서 20여 권의 책을 독서하고 2권의 책을 저술할 수 있었다.

라틴어에서 '핵심'(crux)은 곧 '십자가'(cross)다. 그렇다. 고통의 핵심은 십자가다. 십자가에서만 우리는 우리의 고통과 하나님의 사랑의 모순을 녹여 낼 수 있다. 십자가는 고난의 상징이다. 십자가는 고통에 관한 우리의 질문을 회피하지 않고 정면으로 다룬다. 십자가에 달리신 분이 우리에게 '나도 너와 같은 질문을 했고, 나도 너와 같은 고통을 당했다'고 말씀하신다. 그녀는 비로소 십자가 앞에서 자신의 상한 마음, 자신의 고통도 하나님에게 드릴 수 있는 제물이고 받을 수 있는 선물일 수 있음을 알았다고 한다. 그리고 고통의 수용을 넘어서서 고통을 감사할 수 있었다고 말한다.

오, 하나님, 저에게도 그런 고백, 그런 감사를 허락해 주옵소서. 아멘.

2. 《고통보다 깊은》

_ 폴 투르니에, IVP 역간

폴 투르니에(Paul Tournier)는 우리 시대에 심리학과 신앙의 통합을 추구한 인격 의학자로서, 그가 쓴 모든 책은 그리스도인들이 안심하고 도움을 얻을 수 있는 유익한 책들이다. 그는 내 마음의 의사라고 말하고 싶은 사람이다. 내 신앙의 여정에 큰 스승이 된 그의 책을 아들 상실의 시간에 다시 읽었다.

투르니에는, 고통 자체는 창조적인 것이 아니지만, 고통 없이는 창조적인 사람이 되기 어렵다고 말한다. 고통은 누구나 겪어야 하는 보편적인 것이지만, 고통에 대한 반응은 개별적인 것이라고 한다. 그래서 이 책의 부제는 '고통에 대한 창조적 반응과 온전한 성숙'이다. 투르니에는 태어난 지 두 달 만에 아버지를 잃고, 다섯 살 때 어머니마저 잃고 고아로 자라다가 후일 사랑하는 아내를 먼저 저세상으로 보내는 상실의 아픔을 겪었다.

투르니에는 자신의 고통의 마당에서 특히 고아의 길을 지나간 사람들을 주목한다. 모세는 어려서 버려진 아이였고, 루소(Jean-Jacques Rousseau)는 출생 직후, 철학자 데카르트(René Descartes)는 한 살에, 파스칼은 세 살에 어머니와 작별한 것을 주목했다. 마호메트(Muhammad)도 한 살이 되기 전에 부모를 잃었고, 공자도 한 살

때에 아버지를 잃었다. 그는 이들 모두에게 작용했을 커다란 힘에 대한 의지의 갈망과 창조적 몸부림이 이들을 고귀한 삶의 길로 인도했을 것이라고 말한다.

더 나아가 레오나르도 다빈치(Leonardo da Vinci), 바흐, 사르트르(Jean Paul Sartre), 단테(Alighieri Dante), 톨스토이(Lev Nikolayevich Tolstoy), 카뮈(Albert Camus), 바이런(George Gordon Byron), 도스토옙스키(Fyodor Mikhailovich Dostoevskii), 발자크(Honore de Balzac) 등도 모두 고아였는데, 이들이 겪은 사별, 손실과 상실은 창조성과 모종의 정신분석적 관계가 있을 것이라고 추정한다. 인류의 역사는 종말적 위기를 겪은 다음 창조적 사상가들과 예술가들을 배출한 것을 주목해야 한다고 말한다. 독일과 일본이 전후에 일으킨 놀라운 문명의 발전은 그들이 겪은 재앙과 무관치 않았다고 말한다. 나는 여기에 한국을 포함시켜야 한다고 생각했다. 필요는 창조의 어머니니까….

결국 투르니에 박사는 자신이 고아로 자란 것이 인생의 가장 큰 불행이었지만, 마침내 그것이 자신의 인생의 가장 큰 행운이었다고 결론을 내린다. 오늘의 번영된 물질주의 세상이 건강과 부의 가치를 치켜세우며 고통과 상실의 가치를 무시한 것을 반성하자고 말한다. 중요한 것은 고통과 상실에 대한 성숙한 반응이다. 투르니에 박사는 "내가 너희를 고아와 같이 버려두지 아니하고"(요 14:18)라는 말씀이 자신의 삶에 문자 그대로 이루어졌다고 말한다. 자신에게 보내진 많은 스승들, 많은 형제자매들은 은혜의 선물들이었다고 고백한다.

그런 의미에서 우리는 '소망으로 구원을 얻는 것'(롬 8:24)을 경험할 줄 알아야 한다. 나는 이 책을 읽고 아비를 잃은 내 손자에 대한 연민 대신 새로운 소망을 품고 그의 창조적 미래를 위해 기도하게 되었다.

3. 《헤아려 본 슬픔》

_ C. S. 루이스, 홍성사 역간

이 책은 우리 시대의 대표적 기독교 지성이요, 기독교 신앙의 변증가인 C. S. 루이스 교수가 인생의 황혼녘에 만나 결혼한 아내 조이 데이빗먼(Joy Davidman)이 죽어 가는 모습을 바라보며 그의 마음을 토로한 저작이다. 아니, 그는 아내가 될 여인이 암으로 죽어 갈 것을 알면서도 결혼을 했다. 그럼에도 불구하고 그는 결혼이라는 성대한 피로연에 초대되었으나 미처 전채가 끝나기도 전에 무자비하게 진수성찬을 빼앗긴 사람과 같다고 자신의 처지를 비유하기도 했다.

루이스는 그 갑작스런 상실 때문에 짧은 기간이나마 믿음을 상실하기도 했다. "하나님은 어디에 계시는가? 다른 모든 도움이 헛되고 절박하여 하나님께 다가가면 무엇을 얻는가? 면전에서 꽝 하고 닫히는 문…." 이런 루이스의 심정이 온 마음으로 공감되었다. 아들이 투병하는 8개월간 우리 가족이 드린 애타는 기도… 그리고 수많은 중보 기도자들의 기도는 어디로 갔단 말인가? 이런 수많은 기도의 요청에 그분은 거절의 문을 우리에게도 꽝 하고 닫으신 것은 아닌가?

아내가 그의 곁을 떠나간 후 그는 최소한의 애쓰는 일도 하기

싫었고, 글쓰기는 고사하고 편지 한 장 읽는 것도 버거웠고, 수염 깎는 일조차 하기 싫었다고 말한다. 나는 이 말을 공감한다. 내가 그랬으니까….

루이스는 그의 정직한 회의를 이렇게 토로한다. "그분의 부재는 무엇을 의미하는가? 왜 그분은 우리가 번성할 때 사령관처럼 군림하시다가 환난의 때에는 이토록 도움을 주시는 데 인색한 것인가?" 나도 동일한 질문을 그에게 묻고 있었다.

그러나 마침내 그는 자신이 회의하는 것과 같은 일이 그리스도에게도 일어났음을 상기하게 된다. "하나님, 어찌하여 나를 버리시나이까?" 그리고 그도 그리스도와 동일한 기도를 드리게 된다. "아버지의 원대로 하옵소서." 나도 마침내 동일한 기도를 드리고 내 아들의 죽음을 수용하게 된 것이 아닌가.

루이스의 아내 조이는 마지막에 "저는 하나님과 더불어 평화롭습니다"라고 말하고 미소를 지었다고 한다. 그러나 그 미소는 더 이상 루이스를 향한 것은 아니었다고 말한다. 그리고 그녀는 영원의 샘으로 돌아갔다고. 그리고 그 후 어느 시간, 루이스는 "그녀가 하나님의 품 안에 있다"고 믿게 되었다고 고백한다.

나는 이 책을 읽으면서 이 책의 서문을 쓴 이와 마찬가지로 루이스처럼 저명한 기독교 변증가도 신앙을 회의할 수 있다는 것을 다시 확인할 수 있었다. 그리고 그런 회의조차도 우리의 영적 성숙의 하나의 과정임을 더욱 확신하게 되었다. 그리고 비록 내 아들은 먼저 천국으로 떠났지만, 아직 내 아내는 내 곁에 머물러 고통을 나눌 수 있음을 감사하게 되었다.

4. 《상실의 아픔을 딛고 서다》

_ 데이비드 & 낸시 거스리, 사랑플러스 역간

데이비드(David)와 낸시(Nancy) 부부는 세 명의 자녀 중 둘을 잃어버린 가족이다. 이 부부는 고통의 어두운 계곡을 함께 걸으며 하나님의 특별한 은혜를 경험했다고 고백한다. 거스리(Guthrie) 가족은 하나님이 고통을 사용해서 당신의 목적을 이루신다는 것을 마침내 이해하게 되었다고 말한다. 그들은 고통의 극심한 불속에서 정금처럼 연단되었다. 그들의 믿음은 갈수록 깊어졌고, 그들의 영혼은 갈수록 아름답게 빛났다. 그리고 그들은 마침내 고통 받는 사람들을 섬기고 돕는 상담자가 되었다.

그러나 거기에 그들이 도달하는 과정은 쉽지 않았다. 상실의 사건 이후 그들의 눈에서는 눈물이 마를 새가 없었고, 마음은 너무도 슬프고 쓰리고 아파 죽을 것만 같았다고 한다. 그럼에도 불구하고 그들이 애도의 과정에서 배운 중요한 사실은, 슬픔을 극복하려면 충분히 슬퍼해야 한다는 것이었다. 슬픔은 결코 약하다는 증거가 아니고, 운다고 해서 믿음이 적은 것도 아님을 배웠다고 한다. 하나님은 오히려 눈물이라는 선물을 주셔서 고통을 씻어 내도록 하셨다고 고백한다.

슬픔에는 해결 공식도 없고 마감 시한도 없다. 그러나 보편적으로 애도의 기간은 3년이 필요하다고 말한다. 우리 조상들이 삼년 상을 한 것이 근거 없는 애도 기간이 아니었음을 깨닫는다. 그러면 그 기간에 무엇을 해야 한단 말인가? 거스리 부부는 하나님의 임재 연습과 하나님의 음성 듣기를 제안한다. 이 기간 동안 무엇보다 우리의 애통함을 하나님에게 쏟아 놓을 수 있고, 모든 의문과 문제를 그분 앞에 올려 드릴 수 있다는 것은 얼마나 다행스럽고 복된 일인가?

우리는 치유의 기적을 주문했는데, 기적보다 하나님의 임재를 경험했다는 것은 우승이 아니라 준우승을 한 것 같은 느낌인데, 마침내 그분의 임재를 수용하는 것도 기적을 믿는 것 못지않은 믿음이라고 말한다. 그리고 천국에 대한 확신이 사별의 슬픔을 달래 준 것은 아니지만, 슬픔을 딛고 일어서는 받침대가 된 것은 사실이었다고 고백한다. 우리가 세상에서 누리는 어떤 낙도 천국의 낙원을 누리는 것과는 비교할 수 없는, 그림자에 불과함을 상기함이 소망이 되었다고 고백한다.

이 책은 상실의 아픔을 겪고 있는 사람들을 위한 심리적 제안과 구체적인 가이드라인들로 가득하다. 저자들은 짧은 시간이지만 고인들을 선물로 주신 것을 감사함으로 받아들이면서 마음 깊은 곳에 소망의 씨앗을 심었다고 고백한다. 슬픔의 시간을 지나는 이들에게 꼭 추천하고 싶은 책이다.

5. 《신정론 논쟁》

_ 채드 마이스터, 제임스 K. 듀 주니어 편저, 새물결플러스 역간

우리는 가끔 머리에 쥐가 나는 난해한 책을 읽을 필요가 있다. 이 책이 그런 유형에 속한다. 소위 고통과 악의 문제에 대한 다섯 가지 관점을 소개하는 책이다.

1) 고전적 관점: 하나님의 절대적 주권적 섭리의 틀 안에서 모든 악과 고난이 허용된다는 입장이다.

2) 몰리나주의 관점: 전능자 하나님이 인격적 피조물인 인간의 독립적 자유(고전적 관점에선 인간의 자유도 하나님의 주권에 예속)를 허용하시며 하나님의 중간지식(가정법적 두 가지 가능성)에 따라 악을 선용하신다는 입장이다.

3) 열린 유신론 관점: 인간에게 자유를 주신 이상 미래에 어떤 일이 일어날 것인가를 결정하지 않고 피조물인 인간의 위기를 껴안고 협력적으로 섭리를 수행하신다는 입장이다.

4) 본질적 케노시스 관점: 하나님이 피조물에 대한 개입을 철회하

시고, 자신을 비우고 관망하시는 입장이다.

5) 회의적 유신론 관점: 우리의 이해를 넘어서는 난문을 포기한
채로 다만 오늘의 현실적 전망에서 하나님의 임재와 도움만을
요청하는 입장이다.

　4)와 5)의 입장은 거의 하나님의 주권을 포기하는 입장이기 때
문에 성경의 절대 권위를 믿는 복음적 그리스도인들이 수용하기
는 어려워 보인다. 1)의 고전적 입장, 소위 전통적 칼빈주의 입장
은 아무리 하나님이 악의 원인이 아닌 악을 허용만 한 것이라 하
지만, 우리가 경험하는 악과 고통에 대한 하나님의 소극적인 전망
에서는 위로를 얻지 못한다. 2)의 소위 16세기 스페인 예수회 신학
자 몰리나(Luis Molina)가 주장한 중간지식에 근거한 하나님의 예정
은 고통에 대한 하나님의 책임을 다소간 완화시키는 것으로 보이
기는 하지만 완전히 면제시키지는 못한다. 인간은 자신들에게 주
어진 독립적 자유의지로 고통의 상황에 대한 결정을 먼저 하고 그
후 하나님이 개입하신다고 말하지만, 이미 그 상황을 알고 계셨던
하나님은 인간의 고통에 과연 책임이 없다고 말할 수 있겠는가?
　조심스럽게 몇 차례 이 책을 반복적으로 정독해서 읽으면서 내
게 합리적으로 다가온 것은 3)의 열린 유신론(open theism)적 입장
이었다. 열린 유신론자들은 하나님의 섭리 중 어떤 것들은 창세전

부터 확고하게 예정되어 있지만, 다른 많은 일들은 그 미래가 정해지지 않고 열려 있다고 믿는다. 열린 유신론자들은 2) 몰리나주의의 중간지식을 수용하며 더 적극적인 미래를 지향한다. 즉 하나님은 열려 있는 미래가 당신의 뜻에 합하면 그분은 그 미래를 고정된 미래로 정하고 우리를 인도하신다는 것이다. 예레미야 7장 31절에 보면 "내가 명령하지 아니하였고 내 마음에 생각하지도 아니한 일"이란 표현이 등장한다. 이 세상 많은 일들은 하나님이 계획도, 생각도 안 하신 일들이라는 것이다. 이 열린 미래는 고통 받는 우리를 불쌍히 여기고 다가오시는 하나님의 반응에 달려 있는 것이다.

나는 이 열린 유신론의 입장에서 내 아들 범의 암 투병과 이른 별세는 하나님이 본래부터 정하신 일도 아니고, 그분이 소원하신 일도 아니라고 믿는다. 그의 암 발병에는 신의 뜻과는 상관없는 건강관리의 부주의 같은 더 실제적인 이유가 있었다고 믿는다. 그의 치유에 더 빨리 개입하지 않으신 데에도 인간의 자유의지를 존중하며 오히려 그의 투병 과정에 고통으로 함께하셨다는 것을 믿는다. 성경에 보면 자주 후회도 하고 뜻을 돌이키신 하나님이 범의 고통 그리고 우리 가족의 고통 가운데 함께하며 아들 범의 죽음을 당신의 선으로 바꾸시고, 이를 통해 당신의 영광을 드러내 주실 것을 믿고자 한다.

《깊은 고난》

_ 리처드 라이스, CLC 역간

앞서 소개한 《신정론 논쟁》이 고통과 악에 대한 다섯 가지 신학적 입장을 설명하는 책이라면, 이 책의 부제는 '고난의 의미에 대한 7가지 접근'이다. 《신정론 논쟁》보다 더 쉽게 쓰였고, 설명이 보다 구체적이다. 저자인 리처드 라이스(Richard Rice)는 아픔과 고난이 우리 자신과 우리가 사랑하는 사람들의 삶을 고통스럽게 한다고 생각한다. 그래서 그는 소명감을 갖고 지금까지 신학자들과 철학자들이 제시해 온 다양한 의견들을 일반 독자들도 이해할 수 있게 열거한다. 물론 저자는 고통 받는 사람들에게 이 책이 실제적 도움이 되기를 원하는 목적으로 저술했지만, 해답을 강요하지 않고 독자들에게 맡긴다.

1) 완벽한 계획 신정론: 우리의 삶이 경험한 고통이 무엇이든 그 것은 하나님의 궁극적 계획 안에 있으며 우리가 감당할 수 있는 것들이라는 믿음 위에 세워진 주장이다. 하나님의 의지와 상관없이 일어나는 일은 아무것도 없다고 믿는다.

2) 자유의지 변론: 고난의 근원은 하나님이 의도하신 것이 아니라

우리에게 주신 자유의지의 그릇된 사용 때문이다. 이 변론은 고난의 책임을 피조물인 인간에게 돌림으로 하나님의 책임을 면제하게 하려 한다.

3) 영혼 형성 신정론: 한마디로 고난이 없으면 얻는 것도 없다는 것이다. 고난은 우리를 위한 하나님의 돌보심의 표현이다. 고난은 결국 도덕적·영적 성숙의 자리로 우리의 영혼을 인도한다.

4) 우주 갈등 신정론: 이 세상은 선과 악의 큰 전쟁이 진행 중에 있다는 견해다. 세상의 모든 고난의 배후에는 악마, 마귀가 존재한다고 믿는다. 예수님은 이 악의 세력을 멸하고자 오셨으며, 이 전쟁은 그의 재림으로 끝이 날 것이다.

5) 열린 하나님 신정론: 이 견해의 핵심은 피조물과 하나님의 관계는 상호 의존적이며 서로에게 영향을 끼친다는 것이다. 하나님은 당신의 피조물인 인간에게 자유를 선물로 주고 그들로 역사를 만들게 하셨다. 하나님은 이런 인간의 자유를 존중하는 방법으로 세상 안에 당신의 뜻을 이루고 계신다는 것이다.

6) 과정 신정론: 하나님은 우주의 법칙을 만들면서 자신을 그 법의 제한 아래 두셨다. 이제 피조물인 우리가 이 법칙을 거스르

지 못하는 것처럼 하나님도 이런 법칙을 거스르지 않으신다. 결과적으로 하나님의 능력에는 제한이 있고, 자연 재해는 지질학적이고 기상학적인 것이지 신학적인 것이 아니다. 따라서 역사의 미래는 열린 과정이다.

7) 저항 신정론: 세상의 고난에 분노하고 함께 분노하지 못하는 자들에게도 분노한다. 이런 분노는 바로 도덕적 신의 존재를 전제한다. 이 견해를 따르는 자들은 분노하며 실천적 무신론자가 되든가, 신을 잊고 현실 저항에 몰두한다.

나는 이런 일곱 가지 접근 중 하나만을 선택하는 것은 불가능하다고 본다. 각각의 접근이 강점과 약점을 지닌다. 이미 고백한 것처럼 나는 '열린 신정론'을 수용하며 각각의 접근에서 성경 진리의 흩어진 조각들을 찾고, 모으고 싶다. 주여, 인간의 무지에서 우리를 구하소서!

7. 《나는 사랑하는 사람을 잃었습니다》

_ 니콜라스 월터스토프, 좋은씨앗 역간

니콜라스 월터스토프(Nicholas Woiterstorff)는 기독교 세계관에 근거한 좋은 저술들을 펴낸 우리 시대의 존경받는 기독교 철학자이다. 그가 25세 된 아들 에릭을 오스트리아 산악 등반 중 떠나보내고 쓴 이 책은 나에게도 깊은 공감을 안겨 주었다. 그의 말처럼 모든 죽음에는 특수성과 보편성이 있다. 그가 에릭을 상실하고 쓴 이 책에는 그의 아들 에릭만이 처한 특수한 죽음의 정황이 있었지만, 거기에는 분명하게 나도 공감할 죽음의 보편성이 존재하고 있었기 때문이다.

그는 현재 슬픔을 간직하고 있으며, 그 슬픔을 과거로 흘려보내거나 극복하거나 잊으려고 애쓰지 않는다고 말한다. 그 슬픔이 내 것이 아니라고 부인하려 애쓰지도 않는다고 말한다. 누군가 그에게 "당신은 도대체 누구냐?"고 묻는다면 그는 "나는 아들을 잃어버린 아버지"라고 대답하겠다고 말한다. 나도 누군가가 나에게 근황을 묻는 질문을 한다면 "저는 최근 아들 범이를 잃어버리고 슬퍼하고 있는 아버지입니다"라고 대답할 것이다.

그가 이 책을 쓴 중요한 이유는 슬픔을 간직하는 단계를 넘어서서 슬픔을 '구속하고자' 함이라고 고백한다. 내가 아들을 상실한 후 "그러나 내가 너를 구속하리라"라는 제목의 설교를 한 것과 동일한 이유여서 더욱 공감을 느꼈다. 무엇보다 아들의 주검을 확인한 후 차가워진 아들의 몸의 실존은 그에게 차가우면서도 타는 듯이 강렬한 통증을 가져다주었다고 한다. 나도 그랬다. 그래서 "나보고 어쩌란 말인가"라고 물으면서 난 이 책을 삼키듯 읽어 갔다.

그의 아들 에릭은 짧은 인생을 치열하게 살다가 주 안에서 죽었다고…. 어쩌면 월터스토프의 이 책은 마치 내가 내 아들을 위해 쓴 책이라고 느낄 만했다. 내 아들 범의 생애를 한 줄로 요약할 문장, "치열하게 살다가 주 안에서 죽은 자!" 그리고 에릭은 25년간 하나님이 월터스토프 부부에게 주신 선물이었다고…. 범아! 너도 우리 부부에게 지난 42년간 주신 최고의 선물이었단다. 그가 가 버리기 전까지 그를 얼마나 사랑했는지 몰랐다는 그 고백도 어쩌면 내 맘을 그대로 표현한 것처럼 같을까!

그는 자식이 부모를 앞서 먼저 죽는 것은 말도 안 되는 일이라고 강변한다. "어떻게 내 손으로 내 아들을, 내 미래를 땅에 묻을 수 있단 말인가? 그가 나를 묻어야 할 사람인데…." 그러나 그가 두려워했던 것과 달리 장례식은 그의 영혼에 안식을 가져다주었다고 말한다. 아들의 죽음이 모든 것의 끝은 아니라는 자각을 가져다주었다고. 나도 그랬다. 미국과 한국에서의 두 번의 예배가 부활의 새 날을 소망하게 만들었다. 상처는 그대로 있었지만 천국의 소망이 다가오고 있었다.

자녀를 먼저 천국으로 떠나보낸 부모들에게 꼭 추천하고 싶은 책이다.

8. 《한 말씀만 하소서》

_ 박완서, 세계사

외국 작가가 아닌 한국 작가 중에서 자식을 먼저 떠나보낸 상실의 슬픔을 토로한 글을 찾다가 이 책을 만나게 되었다. 바로 잘 알려진 박완서 작가의 일기 형식의 글이었다. 물론 지금은 박완서 작가도 고인이 되어 저세상으로 떠났다. 그녀가 남긴 여러 인상적인 문학 작품들이 있지만, 그런 작품들 못지않게 이 책은 더 인상적이고 절절하다.

박완서 작가는 1988년 여름, 아들을 잃었다. 아들을 보낸 극한 상황에서 그녀는 통곡 대신 참척의 슬픔을 끌어안고 이 일기를 써 내려갔다고 고백한다. 상을 당한 이에게 정중한 조문을 하는 것은 인간만이 할 수 있는 아름다운 도덕일 것이다. 그러나 참척을 당한 어미에게는 아무리 조심스런 위로조차도 고문이었다고 말한다. 나도 경험해 보니 정말 그랬다.

그녀는 그때 쓴 일기를 나중에 다시 읽어 보며 스스로도 이런 일기를 쓴 것이 민망하고 당황스러웠다고 말한다. 지나치게 그녀가 믿고 있는 신(박완서 작가는 가톨릭 신자)에 대한 원망과 회의, 포악이 넘쳐흐르고 있었기 때문이다. 그러나 그럼에도 불구하고 그녀는 포악을 부리고 질문이라도 퍼부을 수 있는 신이라도 안 계셨더라면 어떻게 되었을까 하고 고백하기도 한다.

이 책의 제목처럼 "신이여, 한 말씀만 하소서" 했지만 끝내 그녀는 한 말씀도 듣지 못했다고 말한다. 그녀는 차가운 침묵의 공간에서 고통의 시간을 견뎌 내야만 했다고 한다. 통곡을 삼켜야 한다는 게 너무 고통스러워 가슴을 움켜쥐고 신음을 토해 내는 시간의 연속이었다고… 사람들은 잊으라고, 세월이 약이라고 말하지만 이런 피상적 위로에 반감만 느낄 뿐이었다는 것이 얼마나 공감되었는지….

그녀는, 과연 신은 우리의 진실한 기도를 들어주실 수 있는지… 아니, 인간의 애절한 소망에 귀를 기울일 초월적 존재는 과연 존재라도 하시는 것인지를 묻고 있다. 죄와 벌의 논리를 펴는 이웃들에게는 내가 무엇을 그렇게 크게 잘못했기에 이런 무서운 벌을 받아야 하느냐며 항의하고 있었다. 그리고 그 애는 무슨 죄가 있어 그런 벌을 받아야 한단 말이냐며 항변하고 있었다. 어쩌면 그렇게 내 마음, 내 정서를 그리도 정확하게 대신하고 있는지….

그래도 나는 이 책이 위험한 글이라고 느껴지지 않았다. 우선 이 책은 자식을 먼저 보내고 몸부림치는 부모들의 한을 대신 카타르시스해 주는 확실한 효험이 있다. 무엇보다 그녀의 항의와 질문에서 아직도 신을 포기하지 않고 항의하고 질문하는 나 자신을 만날 수 있음이 이 책이 주는 가장 큰 유익이었다.

소리치는 항의에도 주님의 음성을 들을 수 없었다고 불평한 작

가는 이런 글을 남긴다. 아마 너무 나직하고 그윽하게 말씀하셔서
그분의 음성을 내가 듣지 못했을지 모른다고… 내가 좀 더 철이
들면 그분의 음성을 알아차리게 될지 모른다고…. 한 말씀만 내게
하소서! 주여, 저에게도!

9. 《고통의 문제》

_ C. S. 루이스, 홍성사 역간

고통의 문제를 다루는 기독교적 관점의 책 중 이 책은 이미 고전에 속한다고 생각한다. 난 이 책을 벌써 다섯 번은 읽은 듯하다. 여러 번 읽은 이유 중에 하나는 이 책의 주제가 주는 무거움 때문이다. 소화가 쉽지 않은 책이다. 그럼에도 불구하고 이 책 여기저기 빛나는 성찰의 보석을 놓치고 싶지 않아서다. 아들 범을 천국으로 보내면서 다시 천천히 이 책을 정독했다.

이 책의 표지에는 루이스 교수가 좋아한 조지 맥도널드(George Macdonald)의 글이 실려 있다. "하나님의 아들은 인간의 고난을 면해주기 위해서가 아니라, 그들의 고난이 자신의 고난과 같은 것이 되기 위해 죽기까지 고난 받으셨다." 그리고 루이스 교수의 《고통의 문제》는 다음과 같은 문제 제기로 시작된다. "하나님이 선하시다면 그는 자신의 피조물들에게 완벽한 행복을 주고 싶어 할 것이다. 하나님이 전능하시다면 그는 그의 소원대로 하실 수 있을 것이다. 그런데 지금 피조물은 행복하지 않다. 그러므로 하나님은 선하지 않은 존재이거나 능력이 없는 존재일 것이다." 정말 공감이 가는 문제 제기가 아닌가!

루이스 교수는 자신도 분명하게 기적을 믿는다고 말한다. 그러나 동시에 피조물인 인간에게 자유의지를 허락하신 하나님은 이 자유의지가 보존되도록 하기 위해 기적이 일상이 되게 할 수 없다고 말한다. 그리고 이런 자유의지와 자연 질서를 보존하시기 위해 하나님은 고통을 우리의 삶에서 배제할 수 없으며, 고통을 배제하는 것은 삶을 배제하는 것임을 이해해야 한다고 말한다. 따라서 하나님의 전능성도 하나님의 속성에 근거해서 이해해야 한다고 말한다. 예컨대, 하나님은 당신의 속성과 다르게 거짓말을 할 수 없으시다. 그에게도 불가능이 있다는 말이다.

하나님의 선하심도 우리의 판단과 다를 수 있음을 그는 제기한다. 우리의 눈에 선한 것이 그의 눈에는 선하지 않을 수도 있고, 우리에게 악하게 보이는 일이 그의 눈에는 악하지 않을 수 있음을 이해하자고 말한다. 하나님은 우리를 참으로 사랑하셔서 우리가 흠과 티가 없는 신부로 그 앞에 서도록 우리의 상대적 선을 규제하는 고통을 허락하심으로 그의 절대적 선을 이루고자 하신다고 말한다. 진정한 사랑은 값싼 동정이나 친절 이상의 것이기 때문이라고. 우리를 향한 하나님의 사랑은 완벽한 작품을 바라는 완벽한 작가의 사랑처럼 철저하고 신중하고 숭고한 선함이라고 말한다. 그런 하나님의 선함이 때로 우리에게는 선함으로 느껴지지 않을 수 있을 것이라고 한다.

때로 우리는 하나님에게 우리의 현재의 모습으로 만족하셔야 한다고 말할 때가 있다. 그런데 그것은 우리가 하나님에게 하나님

되기를 그만두시라고 말하는 것과 같은 것이라고 루이스 교수는 말한다. 우리가 하나님의 필요(그의 선)를 따르기보다 하나님이 우리의 필요(우리의 선)를 따라야 한다고 주장하는 것은 우리가 하나님의 피조물임을 망각하는 것이다. 우리가 결국 피조물임을 수용한다면, 우리는 주도해야 하는 존재가 아니라 반응해야 하는 존재임을 인정하자고 말한다. 인간의 선택은 결국 보다 나은 반응을 할 수 있는 자유의 선택이다.

루이스 교수는, 우리가 피조물의 자리에서 하나님의 선함에 반응함으로 그분의 선함을 공유하고 그분을 닮은 존재가 되어야 한다고 말한다. 이 책을 읽고 난 결론은 신정론에 대한 이론적 무장이 아니라, 저자가 서론에서 밝힌 소박한 상식이었다. "고통을 겪고 있을 때 우리에게 필요한 것은 많은 지식보다 작은 용기이다. 큰 용기보다 작은 인정이다. 그리고 이 모든 것보다 하나님의 작은 사랑이 더 도움이 된다는 사실이다." 우리의 고통에 대한 많은 질문보다 오늘의 상황에서 하나님이 기뻐하실 최선의 선택을 하는 자로 오늘을 살게 하소서! 다음 루이스의 말을 묵상해 보자!

"천국에 들어간다는 것은 이 땅에서 살 때보다 더 인간다워진다는 뜻이다. 반면 지옥에 들어간다는 것은 인간성을 박탈당한다는 뜻이다."

고통은 우리를 인간다워지게 하는 섭리의 장치라고 결론을 맺

고 싶다. 제가 경험하는 오늘의 고통으로 저를 더욱 인간답게 빚

으소서! 아멘.

10. 《하나님의 아픔의 신학》

_ 기타모리 가조, 새물결플러스 역간

한국 신학자들의 신학적 담론으로 세계적 관심을 이끌어 낸 것이 있다면 아마도 '민중신학'일 것이다. 같은 차원에서 아시아 신학자의 논의로 세계 신학계의 관심을 받은 것이 이 책의 저자인 기타모리 가조의 '하나님의 아픔의 신학'이다. 때로 그의 담론은 성부수난설로 비판받기도 했지만, 아들 예수 그리스도를 십자가에 내어 주고 아파하시는 하나님의 사랑에서 기독교 복음의 본질을 찾고자 한 것은 높이 평가받고 있다.

지금까지 인간은 아파할 수 있지만 하나님은 아파할 수 없다는 것이 서양 신학의 신관이었다면, 하나님이 사랑이시라면 당연히 그분도 아파할 수 있다는 것이 동양적 부자 관계의 감수성으로 재발견한 신관이라고 할 수 있다. 이것은 서양 신학계에서도 전능하신 신을 강조하면서 하나님의 약함과 고난을 다시 직면하기 시작한 신학적 반성과 맞물려 관심을 받게 되었다고 할 수 있다. 승리의 신학을 말하면서 아픈 자들과 약자들을 외면해 온 주류 신학의 반성이 가져온 하나의 대안이라 할 수 있겠다.

기타모리 가조의 '하나님의 아픔의 신학'의 신학적 근거가 되는 중요 성구는 예레미야 31장 20절 말씀이다. 여기서 하나님은 당신의 백성 에브라임을 향해 "내가 그를 … 깊이 생각하노라 … 그를 위하여 내 창자가 들끓으니"라고 말씀하신다. 대부분의 영어 번역은 '내 마음이 아프다, 부서졌다'의 의미로 번역했지만, 일본어 번역은 우리말 번역과 유사하게 '내 창자가 끊어질 듯 아프다'는 의미로 번역하고 있다. 한국과 일본은 같은 동양의 문화적 정서를 반영하는 듯하다.

기타모리는 예레미야가 하나님의 마음을 깊이 본 사람이었다고 서술한다. 그의 하나님은 아파하는 하나님이시다. 그의 하나님은 당신의 아픔으로 우리 인간의 아픔을 치유하는 하나님이시다. 기타모리의 복음은 아파하는 우리를 품고 계신 하나님의 사랑인 것이다. 그 사랑은 바로 그리스도의 십자가에서 나타난 하나님의 아픔에 기초한 사랑이다. 기타모리는 예수의 역사성 없이는 하나님의 아픔이라는 개념 자체도 성립할 수 없다고 말한다.

하나님의 아픔의 페르소나(인격, 위격)는 당신의 아들을 죄 된 육체의 형태로 이 땅에 보내고 그 육체로 고통을 견디게 하신 사랑이다. 가현설은 하나님의 아픔을 부정하는 이단설이다. 하나님의 아들은 참인간으로 오셨고, 우리와 같은 인간으로 고통을 짊어지고 아파하신 것이다. 하나님의 사랑은 아픔을 견디신 사랑이고, 그분의 승리는 아픔을 관통하신 사랑의 승리다. 하나님의 아들 예수의 생애 전체는 아픔의 길, 곧 비아 돌로로사였다.

기타모리는 "하나님이 죽으셨다. 이 소식이 놀랍지 않은가!"라고 묻고 있다. 교회는 이 놀라움을 간직하고 하나님의 아픔에 동참해야 한다고 말한다. 복음의 하나님은 아들을 죽게 하는 아버지로서의 하나님, 그 행위에서 아프신 하나님이라고 말한다. 아버지가 그 사랑하는 아들을 죽도록 내어 주셨다. 바울 사도는 그 십자가에 달리신 예수 외에 그 무엇도 알지 않기로 했다고 고백한다.

나는 아들을 잃고 이 책을 읽으면서 조금은 더 하나님 아버지의 마음, 그 창자가 끊어질 듯한 아픔을 이해하게 된 느낌이다. 그리고 독생자를 십자가에 내어 주신 하늘 아버지의 마음을 조금은 더 이해하게 된 심정이다. 물론 아직도 아들 상실의 아픔은 다 가시지 않았지만…. 십자가의 아픔으로 진지하게 신학을 연구하고 믿음의 길을 걷고자 하는 동역자들에게 추천하고 싶은 책이다.

_11._ 《내 아버지 집에 거할 곳이 많도다》

_ 마이클 부쉬 엮음, 새물결플러스 역간

이 책에는 '상실과 죽음에 대한 기독교적 위로'라는 부제가 붙어 있다. 가족 중에 누군가를 먼저 보낸 신학자들과 설교자들의 설교를 모은 책이다. 기고한 이들 중에는 우리 설교자들에게 익숙한 이름들이 여럿 있었다. 조나단 에드워즈(Jonathan Edwards), 슐라이어마허(Friedrich Daniel Ernst Schleiermacher), 칼 바르트, 존 클레이풀(John Claypool) 그리고 윌리엄 슬로언 코핀 2세(William Sloane Coffin Jr.) 등이 그들이다.

우선 그들이 모두 나처럼 자녀를 앞세운 경험이 있었다는 사실에서 나의 상실의 경험이 나 혼자만의 것이 아니라는 사실에 위로가 되었다. 그리고 그들이 상실과 더불어 싸워 나가는 과정이 뻔한 상투적 위로에 그치지 않았었다는 사실에 위로가 되었다. 그들은 모두 칼에 베인 듯 그 예리한 죽음의 상처에 아파하고 또 아파한 나처럼 인간적 고통을 숨기려 하지 않았다는 사실에 위로가 되었다. 그들은 모두 상실의 고통을 쉬운 고통으로 넘기지 않았으며, 상실의 극복을 쉬운 과정으로 묘사하지도 않았다. 그런 인간적 정직성과 열린 고백이 내게도 진정성 있는 메시지로 다가올 수 있었다.

그러면서도 그들은 모두 하나님의 말씀인 성경을 열고 고통 속에서도 주의 음성을 듣고자 했다. 그리고 자신들에게 들려온 메시지를 그들의 설교를 듣는 사람들에게 정직하게 전달하고자 했다. 서문을 쓴 니콜라스 월터스토프의 말처럼, 자녀를 먼저 보내고 슬퍼하는 것은 예수 믿는 사람들은 결코 해서는 안 될 일이라고 말하지 않은 것을 나는 감사하게 생각한다. 그들은 모두 이런 슬픔과 애도는 정당한 것이며 가치 있는 것이라고 말한다.

그들은 모두 자신의 자녀들이 얼마 동안 이 땅에 머물러 있었든 그 기간을 소중한 선물로 여기며 감사하고 있었다. 그리고 그들의 이른 떠남을 통해 단 하루라도 인생을 무의미하게 살아서는 안 된다는 교훈을 배웠다고 말한다. 얼마나 공감이 되는 말이었는지! 그럼에도 그들과 함께한 깊은 슬픔, 풀리지 않는 질문들은 오직 믿음으로 극복할 수 있었다고 말한다. 믿음이 아니고는 그들도 나도 과연 이런 상실감을 이겨 낼 수 없을 것이다.

이 책을 다 읽고 난 짙은 소감은, 죽음은 우리에게서 자녀들을 빼앗아 갔지만, 우리의 믿음, 우리의 소망, 우리의 사랑까지 빼앗아 가지는 못했다는 것이다. 우리는 이 책을 내려놓으며 바울 사도와 함께 "믿음, 소망, 사랑, 이 세 가지는 항상 있을 것인데 그중의 제일은 사랑이라"(고전 13:13)라고 고백하게 될 것이다. 무엇보다 이 책은 상실의 슬픔을 겪은 모두에게 도움이 되지만, 특히 성도들을 섬기며 그들에게 위로의 메시지를 수도 없이 전해야 하는 목회자들에게 필독서로 추천하고 싶은 책이다.

마지막으로 남기고 싶은 말이 있다. "당신의 자녀들을 곧 헤어질 것처럼 사랑해 보십시오!"

12. 《안식》

_ 아브라함 헤셸, 복있는사람 역간

나는 안식일/주일에 대한 설교를 할 때마다 이 책을 참고했다. 아마도 안식일에 대한 최고의 명저라고 할 만하다. 내 서재에 소장된 책들 중 책상 가까이 두고 여러 번 반복해서 읽은 몇 안 되는 애독서일 것이다. 그런데 내 아들 범이 천국으로 떠난 후, 이 책은 전혀 다른 의미를 갖고 내게로 다가왔다. 이 책은 단순하게 일주일에 한 번 돌아오는 안식일이 아닌, 영원한 안식의 의미를 가르치고 있었다.

헤셸(Abraham Heschel)은 이 책에서 안식일과 영원은 하나라고 말한다. 랍비가 하나님에게 물었다. "내세는 어떤 곳인가요?" "내세의 예는 안식일이다." 안식일이 행복한 날이고 평화의 날이며 거룩한 날인 것처럼, 천국은 행복한 곳이고 평화로운 곳이며 거룩한 곳이다. 그래서 지금 여기서 안식일을 즐길 줄 아는 사람만이 내세를 즐길 수 있는 사람이라고 말한다.

다시 헤셸의 말을 들어 보자. 이 세상에 있는 동안 안식일의 맛을 음미할 줄 모르는 사람, 영생의 진가를 인정하지 못하는 사람이 내세에서 영원의 맛을 즐길 수는 없는 일이다. 안식일의 아름다움을 경험하지 못한 사람은 천국의 아름다움을 사모하지 못할

25

것이다. 안식일은 우리가 시간 속에서 경험하는 영원이며 천국이다. 나는 그동안 이런 안식일의 영광을 놓치고 살아온 사람임을 깨우친다.

히브리 사람들의 일생은 한 주간의 끝에 있는 안식일을 매주 경험하고, 다시 6년의 삶에 이어 7년째의 안식년을 경험하고, 이어서 7×7=49년 다음 50년에 큰 안식의 해, 희년을 경험한 다음 영원한 안식의 처소, 천국으로 들어갈 것을 기대한다. 그렇다면 우리 그리스도인들도 부활하신 주님이 약속하신 주일마다 참된 쉼을 경험하며 천국으로 들어감을 연습해야 하지 않겠는가?

히브리말로 안식은 샤바트(Shabbat)라 하지만, 안식일에 경험하는 참된 쉼은 메누하(menuha)라고 한다. 시편 23편에서 선한 목자는 우리를 푸른 초장으로 그리고 쉴 만한(메누하) 물가로 인도하신다고 약속한다. 사도 요한은 요한계시록에서 "지금 이후로 주 안에서 죽는 자들은 복이 있도다 … 그들이 수고를 그치고 쉬리니"(계 14:13)라고 약속한다. 내 아들이 그 쉴 곳으로 초대된 것이 얼마나 감사하고 행복한 일인가!

앞으로 남은 인생의 시간 동안 안식일의 행복과 성화를 배워 아들을 행복하고 거룩하게 만나고 싶다!

13. 《죽음, 가장 큰 선물》

_ 헨리 나우웬, 홍성사 역간

죽음은 우리가 이 세상에서 겪어야 하는 가장 큰 비극이다. 그런데 사제인 헨리 나우웬(Henri Nouwen)은 죽음을 가장 큰 선물이라고 부른다. 그는 장애인 공동체에서 경험한 친구들의 죽음을 통해 날마다 일어나고 있는 수많은 사람들의 죽음과 어느 날 찾아올 자신의 죽음을 성찰하고 있다. 죽음은 가장 일반적인 인간사이며, 우리 모두가 겪어야 할 보편적인 사건이다. 나우웬은 우리 모두의 삶이 죽음으로 통할 뿐 아니라, 죽음이 새로운 삶으로 통한다는 느낌을 받았다고 고백한다.

그는 사제로서 우리의 죽음이 우리를 사랑했고 우리가 사랑했던 모든 사람들에게 우리의 영과 하나님의 영을 보내 줄 수 있는 새로운 길이 되게 하려면 무엇을 어떻게 준비해야 할 것인가를 묻고 있다. 우리 모두에게 중요한 것은 결국 잘 살고 잘 죽어야 하는 것이기 때문이다. 죽음이란 결국 모든 것을 손에서 놓은 채 아무것도 알려지지 않은 미지의 세계로 옮겨지는 일이 아닌가. 그때 우리는 남아 있는 힘을 다 버리고, 꽉 쥐었던 주먹을 펴고 철저한 무력 속에 감추었던 은혜를 신뢰하게 될 것인가?

사제 나우웬은 이 질문에 대한 대답을 예수님에게서 찾고자 한다. 그분의 삶과 죽음이야말로 우리 그리스도인들이 삶과 죽음을 이해하며 살아가게 하는 원천이기 때문이다. 그는 우선 예수님이 우리에게 하신 "어린아이들과 같이 되지 아니하면 결단코 천국에 들어가지 못하리라"(마 18:3)라는 말씀에 주목한다. 인생은 의존에서 시작해서 의존으로 끝나는 여행인데, 예수님도 그렇게 사셨다고 말한다. 사람에 대한 의존은 우리를 때로 노예 상태로 이끌지만, 신적 의존은 우리를 자유로 이끈다고 말한다.

그러므로 우리가 어린아이처럼 아버지 하나님을 친밀하게 의존하는 것을 배우는 것이야말로 하나님의 자녀로서 죽음과 맞서 자유를 누리는 믿음의 준비라고 말한다. 하나님의 영으로 인도함을 받는 죽음을 맞이하기 위해서다. 죽음 그 자체는 고통스런 경험이지만 출산의 고통 건너편에 새 삶이 기다리고 있는 것처럼 하나님의 얼굴을 맞대고 볼 수 있는 곳으로의 인도이기 때문이라고 말한다. 이제 우리에게 죽음은 삶의 마감이 아닌 새로운 삶의 시작인 것이다.

그는, 예수의 제자들은 모두 예수님처럼 살고 예수님처럼 죽고 예수님처럼 부활하도록 초대받았음을 기억하자고 말한다. 그리고 예수님이 죽으심으로 많은 열매를 맺은 것처럼, 우리 모두의 삶은 시공간에 얽매이는 존재의 한계를 뛰어넘어 죽음으로 열매를 맺는 것이라고 말한다. 이것이 예수님의 죽음이 지닌 신비이며, 그의 영 안에서 살았던 모든 이들의 죽음이 지닌 신비라고 말한다.

우리의 부모의 영향이 죽음을 넘어 오늘의 우리에게 열매를 맺고 있는 것처럼 말이다.

물론 어둠의 권세는 강하고 우리 모두는 죽음의 두려움에 사로잡힐 수 있지만, 이미 우리의 죽음의 자리에 와 계신 그분을 신뢰하도록 돕기만 하면 된다. 그는 이렇게 말한다. 그분을 붙잡으려고 애쓰지 않아도 된다고, 그분이 우리를 붙잡아 주실 것이기에 그저 팔과 손을 앞으로 내밀기만 하면 된다고, 주님을 믿으라고, 믿고 또 믿으라고, 사랑은 죽음보다 강하다고, 죽음은 분명히 상실이지만 우리의 죽음을 애도하는 사람들 안에 열매를 맺게 하는 하늘의 선물이라고 말이다.

내 사랑하는 주님의 죽으심을 묵상하는 주간, 주님의 죽으심이 선물이듯이 내 아들의 죽음도 선물임을 깨닫습니다. 샤바트 샬롬!

_14._ 《내게 왜 이러세요?》

_ 강정훈, 두란노

저자가 사인을 하고 내 아들 이야기를 쓴 대목을 인용했다고 보내 온, 가장 최근에 읽은 고통에 대한 책이다. '욥이 물었다'는 질문을 전제로 욥기를 풀어 나가며 인간 고통의 문제를 추적하고 있다. 절반은 욥기 강해서라고도 할 수 있고, 절반은 고통에 대한 신앙 적 성찰의 책이라고도 할 수 있다.

난 이 책을 손에 들고 거의 2-3일 내에 숨 가쁘게 완독했다. 중 간에 손을 놓지 못하게 하는 정서적 공감이 내 눈물샘을 자극했기 때문이다. 이 책에 인용으로 등장하는 수많은 책들의 저작자들은 모두 내가 좋아하는 분들이어서 마치 내가 쓴 책을 읽어 내려가는 듯한 기분이었다. 그가 아내를 잃고 쓴 상실감의 고통은 바로 내 아들 범을 잃은 동일한 상실감으로 전이되어 왔다.

이 책에서 저자는, 욥기는 고통에 대한 책이 아니라고 주장한 다. 욥기는 '의'를 주제로 한 책이라고 말한다. 욥이 '자기 의'에서 출발해서 '하나님의 의'에 도달하는 책이라고 말한다. 저자는 그 과정을 지루한 신학적 논증이 아닌 실감나는 자신과 사람들의 내 러티브로 이끌어 간다. 저자는 이 책을 우리로 하여금 머리가 아 닌 가슴으로 읽게 해 준다.

이 책은 두 부분에서 특히 내게 공감이 되었다. 첫째는, 그가 이 고난의 터널을 통과하며 위로사 자격증을 얻었다는 것이다. 그는 고난의 경중에 따라 자격증의 급수가 달라진다고 말한다. 내 자격증의 급수가 궁금해진다. 그러나 적어도 이제 가족을 먼저 보낸 사람들에게 "많이 힘드시지요. 저도 아직도 힘들거든요. 그냥 힘들면 힘들다고 말씀해도 괜찮아요"라고 말할 수 있게 되었다는 것이다.

둘째는, 천국의 소망이다. 내 아들이 가 있는 또 하나의 세상, 그 천국이 실감나게 되었다는 것이다. 저자가 인용한 루이스 교수의 말처럼 말이다. "이제 천국은 가까워졌습니다. 멀리 생각되던 천국이 이젠 이웃집이 되었습니다." 그곳에 내 아들 범이 있으니 얼마나 가까운 곳일까? 그곳이 또한 내 집이 아닐까? 고통을 넘어서서 하나님의 의를 붙잡고 살고자 하는 많은 이들에게 필독서로 꼭 추천하고 싶은 책이다.

이 책을 내려놓으며 다시 확인하는 말, 고난에 대한 쉬운 답은 없지만, 믿음은 그 어느 날 거기 천국에서 비로소 얻을 궁극적 해답을 기다리는 것이라 고백하며 오늘도 다시 나의 삶을 한 걸음, 한 걸음, 내 인생의 주권자에게 맡기며 걷고자 한다.

15. 《고통과 씨름하다》

_ 토마스 G. 롱, 새물결플러스 역간

저명한 설교학자 토마스 롱(Thomas G. Long)에 의해 쓰인 이 책은 깊은 사색을 요구하는 고통에 대한 신정론적 접근을 시도한다. 깊은 사색이 부담스런 이들에게는 확실히 부담스런 책이다. 그럼에도 불구하고 제목처럼 고통과 씨름하려는 이들이라면 한 번쯤 도전해 볼 만한 가치가 있는 책이다. 난 이 책을 두 번 읽고 나서 생각을 정리한 후 소개하는 것이다.

고통 뒤에 숨어 있을지 모를 악, 이런 악과 직면하며 신앙의 위기를 다루는 책이다. 저자는 고통의 명제를 둘러싸고 있는 하나님을 변호할 수 있다고 생각하는 것은 신학적인 교만임을 인정한다. 정답이 없는 것을 알면서도 그 답을 향한 순례를 멈출 수 없는 것이 바로 고통의 딜레마다. 특히 악과 고통이 가득한 세상에서 사랑과 공의의 하나님을 설교해야 하는 설교자들과 그는 연대하고자 한다.

고통의 문제에서 출발해 신과 성서의 절대성을 부인하게 된 신학자 바트 어만(Bart D. Ehrman)의 이야기, 선천적 조로증으로 불과 14세에 세상을 떠난 아들 아론을 지켜보며 하나님을 버리지 않고 그분을 믿기 위해 하나님의 전능성을 부인한 유대인 랍비 해롤드

쿠쉬너(Harold Kushner)의 이야기는 지금도 고통과 직면하며 신앙의 길을 순례하는 우리에게 많은 생각과 사색을 요구하고 있다.

저자를 통해 나에게 가장 많은 공감을 제공한 것은 소위 '항의의 신정론'이다. 저자는 알곡과 가라지의 비유를 통해 항의의 신정론을 소개한다. 이 비유를 통해 농부들은 부르짖는다. "우리는 당신이 선한 분으로 당연히 좋은 씨를 밭에 뿌렸다고 생각해 왔습니다. 그런데 이 가라지가 웬 말입니까?" 저자는 이렇게 하나님에게 항의할 수 있는 것은 신앙의 부재가 아닌 신앙의 표현이라고 말한다. 그리고 이런 항의도 정당한 기도의 한 형태라고 말한다.

성경은 이 악한 가라지는 하나님이 아닌 원수가 뿌린 악이라고 말한다. 적어도 하나님이 우리가 오늘 경험하는 악의 원인은 아니라는 것이다. 악은 하나님의 원수다. 암도 하나님의 원수고, 내 아들의 이른 죽음도 하나님이 의도하신 것은 아니라고 믿는다. 그러나 지금 이런 악을 멈추시지 않고 마지막 추수 때까지 기다려야 한다는 말씀을 나는 불평하면서 수용하고자 한다. 그분은 십자가에서 당신의 독생자에게도 그렇게 하셨으니까….

이 책은 내 아들의 암 투병, 그의 때 이른 죽음의 난제에 대한 해답을 제공한 것은 아니지만, 하나님에 대한 원망을 다소간 진정시켜 준 것은 사실이다.

주여, 저를 불쌍히 여겨 주소서(Kyrie Eleison)!

16. 《다시 시작하기 위하여》

_ 나오미 레비, 로뎀 역간

이 책은 공식적으로 절판되어 이제는 중고 시장에서나 구할 수 있을 것 같다. 나는 2010년에 이 책에 대한 추천의 글을 쓰며 이렇게 말한 바 있다. "우리 시대 피상적인 문화의 영향으로 우리는 당장의 효과에만 매달리고 있다. 그러나 당장의 효과를 약속하는 것은 마약이나 마술에 불과하다. 우리 시대의 많은 치유 운동들도 이런 피상성에만 매달리는 것을 안타깝게 생각한다." 그러나 "이 책은 진지한 인간치유를 모색하는 모든 이들에게 너무나 소중하고 눈물겨운 치유 독본이 될 것이고, 인생의 절망 속에 깨어져 버린 삶의 조각들을 끌어안고 몸부림치는 모든 이웃들에게 다시 시작할 용기를 제공하는 책이 될 것으로 믿는다." 그런데 이 책을 10년 만에 다시 꺼내 읽고 다시 좋은 책으로 소개하게 될 줄은 정말 몰랐다.

이 책을 쓴 나오미(Naomi Levy)는 아버지를 불의의 사고로 떠나보내고 인고의 고통을 감내하던 남편과도 작별한 후, 역사상 최초의 유대인 여성 랍비가 되어 7년간 겪은 목회 체험을 잔인하도록 솔직하게 공개하며 그때 그 자리에서의 그녀의 기도를 나누고 있다. 그것은 왜 이런 일이 일어나야 했는가를 묻는 질문의 기도이기보다, 어떻게 살아가야 하는가를 묻는 기도다.

그러다 보니 그녀의 기도에는 피할 수 없는 밤의 슬픔이 동반되고 있지만, 여전히 새 아침을 향한 희망이 떠오르고 있다. 그래서 랍비는 밤을 예찬한다. 밤은 우리에게 겸손을 가르쳐 준다고. 밤은 우리가 얼마나 연약한 존재인지를 상기시켜 준다고. 밤은 우리에게 기도하는 법을 가르쳐 준다고. 밤은 우리가 친구에게 하듯 하나님에게 비밀을 속삭이게 한다고.

랍비 나오미는 경건한 어둠이 다가올 때 우리의 두려움이 믿음에 자리를 비키고, 우리의 고통이 웃음으로 변하도록 기도하자고 우리를 초대한다. 어둠의 가르침이 우리의 날들을 경이로움으로 채워서 우리 인생의 모든 낮과 밤 동안 하나님의 임재를 경험하도록 기도하자고 초대한다. 우리가 상실 속에 당황해할 때 당신이 여전히 우리 곁에 계심을 보게 해 달라고 기도하자고 초대한다.

삶의 혼돈을 껴안고 다시 시작할 용기의 자리에 서기 위하여….
다시 시작하기 위하여(To begin again)!

17. 《C. S. 루이스가 말하는 천국과 지옥》

_ 웨인 마틴데일, 국제제자훈련원 역간

사람들이 보편적으로 가진 천국과 지옥에 대한 관념을 깨뜨리고 참된 내세를 사모하게 하는 책이다. 예를 들어, 천국은 지루한 곳일까? 루이스 교수는 우리가 지루한 교회를 연상하고 지루한 천국을 상상하는 것이라고 말한다. 세상에서 우리가 좋아하던 모든 것이 다 있는 곳이 천국이라면, 그 천국을 사모하지 않겠는가? 천국은 하나님의 창조성을 통해 모든 것이 존재하고 일어나는 곳이다. 루이스 교수는 시편 기자의 고백을 빌려 "주의 앞에는 충만한 기쁨이 있고 주의 오른쪽에는 영원한 즐거움이 있나이다"(시 16:11)라고 한 바로 그런 기쁨과 즐거움이 가득한 곳이 천국이라고 말한다. 루이스 교수는 사탄, 마귀는 결코 참된 기쁨을 창조할 수 없다고 말한다. 우리가 세상에서 경험한 최고의 아름다움도 천국을 조금 맛본 것에 지나지 않는다.

우주와 세상에서 진정한 자유는 죄에서의 자유이며, 조건 없는 사랑의 자유다. 그런데 천국에서는 우리의 모든 충동들이 순수하기 때문에 충동대로 맘껏 행동해도 아무도 해를 입지 않는다. 그 누구도 거부당함을 두려워하지 않고 살아가며 서로를 즐거워할 수 있는 곳이 천국이다. 지옥은 서로 이웃이 되지 않으려고 미친

듯이 노력하는 개별적 인간들의 세계다. 반면에 천국은 서로가 서로를 자원해서 섬김으로 기쁨이 극대화되는 곳이다.

무엇보다 나를 감동시킨 것은, 천국은 우리의 진정한 자아가 성장할 수 있는 곳이라고 말하는 대목이었다. 반대로 지옥은 우리의 자아가 고갈되는 곳이라고. "너희 안에서 착한 일을 시작하신 이가 그리스도 예수의 날까지 이루실 줄을 우리는 확신하노라"(빌 1:6)라는 바울 사도의 고백처럼, 주님은 이 땅에서 이루지 못한 우리의 착한 꿈을 천국에서 실현해 주실 것이라고 말한다. 천국에서는 인간의 가능성이 충만하게 되고, 지옥에서는 인간의 모든 가능성이 고갈된다고…. 천국은 모든 의미가 넘쳐나고, 지옥은 모든 의미가 상실되는 곳이라고…. 우리는 지옥을 쉽게 상상할 수 있다. 왜냐하면 악은 상상하기가 쉽기 때문이다. 그러나 악에 젖은 우리는 우리에게 아직 드러나지 않은 거룩함과 선함과 영광으로 가득 찬 나라를 상상하기가 쉽지 않다. 그럼에도 불구하고 천국은 전능자에 의해 약속된 실재다.

내 아들 범이 지금 그런 나라에서 그 영광을 누리며 못다 한 꿈을 이루고 있음을 나는 믿는다.

_18._ 《아버지 집으로》

_ 랜디 알콘, 토기장이 역간

'천국'(Heaven)에 대해 가장 광대한 분량의 책을 쓴 사람이 바로 랜디 알콘이다. 그는 이 책을 50일간의 묵상용으로 다시 펴냈다. 개혁주의적이면서도 복음주의적 해석으로 펼쳐지는 묵상은 우리에게 천국의 큰 소망을 갖게 한다. 나는 사랑하는 가족과 이별한 사람들에게 50일간의 묵상으로 이 책을 강력 추천하고 싶다. 치료와 희망의 빛을 만나게 될 것이다.

랜디는, 오늘 우리는 영적으로 눈먼 자들의 나라에서 살고 있다고 말한다. 죄라는 병으로 인해 우리는 하나님과 천국에 관한 진리를 보지 못하고 살고 있다고. 사탄은 우리가 이 진리를 보지 못하도록 방해하고 있지만, 천국은 분명하게 실재하는 세계라고 말한다. 예수님이 성경에서 설명하신 천국은 몸이 없는 영들만이 사는 별천지가 아니라, 주님은 제자들에게 만질 수 있고 누릴 수 있는 실제 장소로서의 집을 준비하셨다고 말한다.

우리가 이 땅에서 경험하는 고통은 일시적 해결을 경험하게도 하지만 여전히 미해결의 물음표를 남긴다. 그러나 이 모든 물음은 내생에서 확실히 해결될 것이다. 그것이 그리스도의 약속이다. 거기에는 더 이상 고통도, 죽음도 없다. 주님은 거기서 우리의 모든 눈물을 씻어 주겠다고 약속하신다. 죽음을 미화할 필요는 없다. 그러나 죽음은 영원한 기쁨으로 가는 통로다. 우리가 이 땅에서 때로 무력한 삶을 사는 이유는 천국을 충분히 묵상하지 못했기 때문이다.

사랑하는 사람들이 우리 곁을 떠났다고 해서 그들과 우리의 관계가 끝난 것은 아니다. 잠시 중단되었을 뿐이다. 우리는 그들이 어디에 있는지 알고 있기에 그들을 잃어버린 것이 아니다. 그들은 지금 그리스도의 임재의 영광스런 즐거움을 누리고 있다. 그곳은 너무나 놀라운 곳이어서 그리스도는 그곳을 낙원이라고 부르셨다. 거기 영화로운 땅에서 영화로운 삶을 살고 있는 그들과 우리는 곧 영화로운 만남을 갖게 될 것이다.

우리는 종종 "이보다 더 좋을 수 없다"고 말한다. 그러나 천국은 더 좋을 수 없는 세상에 비할 수 없는 훨씬 더 좋은 나라다. "우리는 결코 사랑하는 사람들을 잃어버리는 것이 아니라, 천국으로 먼저 보낸 것을 기억하자"(어거스틴[Aurelius Augustinus]).

나는 이제 아들 범과 그곳에서의 영화로운 만남을 소망하며 기다린다.

19. 《딸에게 보내는 굿나잇 키스》

_ 이어령, 열림원

이어령 선생은 이 책의 표지에 "나와 똑같은 슬픔과 고통을 받고 있는 사람들에게 말을 걸고 싶은 생각이 들었다. 당신도 그랬냐고"라고 적고 있다. 딸 이민아 목사를 먼저 하늘나라에 보내고 10년 만에 생각을 정리해서 쓴 애절한 딸과의 대화, 사랑의 편지다. "네가 떠난 지 어언 십년… 지금 너의 눈물 자국마다 꽃들이 피어나고, 너의 울음소리마다 꽃을 노래하는 새소리가 들려온다"고 그는 말한다.

무엇보다 "죽음이 허무요 끝이 아니라는 것을 너는 보여주었다"고 적고 있다. 딸에게 보내는 굿나잇 키스는 찬란한 아침을 약속하는 굿나잇 키스라고 말한다. "네가 돌아왔구나. 널 잃고 황량한 내 가슴에 꽃으로 새로 돌아왔구나." 이 말이 얼마나 실감나게 동의가 되는지. 부활절 이래 탄천을 걸으며 피어나는 온갖 꽃들 속에서 나도 아들 범의 미소를 만나고, 새들의 노래에서 범의 노래를 듣고 있었기 때문이다.

이어령 선생은, 자식은 땅이 아니라 가슴에 묻는다고 하지만 그냥 묻어 두는 것만은 아니라고 이 책에서 강변한다. 죽음은 씨앗과 같아서 슬픔의 자리에 싹이 나고 꽃이 피고 떨어진 자리에 열매를 맺는다고 말한다. 이 말을 문자 그대로 공감하고 싶다. 내가 쓰는 아들에 대한 추억의 글도 아들을 통해 내 인생을 정리하고, 아들이 내게 전한 삶의 교훈을 열매로 맺고 싶은 마음에서 비롯되었기 때문이다.

선생은 우편번호 없이 부치는 이 편지가 딸에게 전해지기를 기도한다고 적고 있다. 나도 그런 마음으로 20여 통의 편지를 썼다. "묵은 편지함 속에 쌓여 있던 낱말들이 천사의 날갯짓을 하고 일제히 하늘로 날아오르는 꿈을 꿀 것이다." 나도 동감이다. 거기다 나는 계시록에 기록된 대로, 금향로의 향연과 함께 기도의 제목을 주님에게 올리는 천사의 사역을 믿고 있으니까.

선생의 마지막 말이 지금도 내 마음을 울리고 있다. "장한 딸, 지혜로운 딸, 날 눈뜨게 한 효녀, 고맙다. 내 딸아, 이제 굿나잇 키스를 보내지 않겠다. 밤이 없는 빛의 천국, 너는 영원히 잠들지 않는 하늘의 신부가 되었으니까." 선생의 말을 빌려 나도 내 사랑하는 아들 범에게 이 말을 꼭 전하고 싶다. "내 아들아, 이제 굿나잇 인사를 생략하련다. 넌 영원히 잠들지 않는 나라의 왕자가 되었으니까."

그래도 책의 목차 직전 선생이 친필로 쓴 글 때문에 난 울며 이 책 소개를 마무리한다.

"네 생각이 난다. 해일처럼 밀려온다. 그 높은 파도가 잠잠해질 때까지 나는 운다."

20. 《천국 안내서》

_ 랜디 알콘, 규장 역간

이 책의 본래 제목은 *In Light of Eternity*(영원의 빛 안에서)이다. 그러나 번역되면서 한국 출판사에서 《천국 안내서》라는 제목을 붙였다. 나는 한국어 제목이 잘 지어졌다고 생각한다. 서점에 가면 '여행 코너'가 있는데, 거기에는 나라별, 도시별로 여행안내서가 준비되어 있다. 《천국 안내서》, 얼마나 흥미로운가! 이 책은 천국에 관한 한 가장 성경적이고 다수의 책을 쓴 랜디 알콘의 글이다.

랜디는 그의 목회자 친구가 천국에 가서 아무 할 일 없이 하프나 튕기면서 구름 속을 떠다니는 지루한 삶을 견디기보다 더 이상 존재하지 않고 사라지는 것이 낫겠다는 충격적인 말을 한 것이 이 책을 쓴 동기가 되었다고 말한다. 목회자도 천국에 대한 이런 편견을 갖고 있다면, 평신도들은 말할 것도 없을 것이다. 그러나 바울은 분명히 이 세상을 떠나 그리스도와 함께 있는 것이 훨씬 더 좋은 소망이라고 말하지 않았는가!

랜디는 그리스도인들조차 천국에 대한 별 기대를 갖지 못하게 된 것은 하나님의 말씀보다 사탄의 거짓말을 우리가 믿었기 때문이라고 지적한다. 요한계시록 13장 6절에 보면 짐승으로 묘사된 적그리스도는 하나님을 비방하고 그의 이름과 그의 장막, 곧 하늘에 사는 자들에 대해 거짓된 비방을 하고 있다고 말한다. 그래서 예수님도 일찍이 사탄을 "거짓말쟁이요 거짓의 아비"(요 8:44)라고 말씀하시지 않았는가! 그곳은 사탄, 마귀는 거할 수 없는 곳이기 때문이다.

우리는 이 땅에 살면서 끊임없이 더 나은 곳을 찾아 이사한다. 더 새로운 곳, 더 좋은 환경, 더 나은 도시, 더 안전하고 더 아름다운 전원으로 옮겨 다닌다. 그런데 우리의 신랑 되신 예수님은 우리를 위해 거처를 예비하고 거기서 우리를 영접하겠다고 약속하신다(요 14:2-3). 하지만 우리가 오염되고 바퀴벌레가 득실거리는 지구에만 집착하고 있다면 우리의 신랑은 얼마나 가슴이 아프시겠는가?

성경은 천국이 우리 집이라고 말한다. 여행을 떠나면 어떤가? 아무리 유쾌한 시간을 가졌어도 여행 시간이 길어지면 집에 가고 싶어진다. 여행 중에도 정말 편안한 곳을 발견하면 "여기가 우리 집 같다"고 말하지 않는가! 집이 그렇게 좋은 가장 중요한 이유는, 거기에 우리가 사랑하는 사람들이 있기 때문이다. 천국은 삼위 하나님과 하나님의 가족들이 영원토록 친밀한 사랑의 교제를 누릴 수 있는 곳이다.

천국은 새 하늘, 새 땅이다. 그것은 질적으로 더 좋은 하늘, 더 좋은 땅이라는 뜻이다. 우리는 새 집, 새 차를 선물로 받을 때 설렘을 느낀다. 천국은 우리가 모르는 곳이 아닌, 우리가 경험한 곳

중에서 가장 좋은 곳이다. 모든 부패와 죄는 사라지고 모든 가능
성이 새로워진 새 나라, 새 도시, 새 자연, 새 모험이 기다리는 곳
이다. 거기서 우리는 먼저 이 세상을 떠난 사랑하는 사람들을 가
장 완벽한 모습으로 만나게 될 것이다. 이 어찌 가슴 설레는 기대
가 아니겠는가!

나는 그곳에서 내 사랑하는 아들 범을 만날 꿈으로 날마다 설레
고 있다.

21. 《왜 울어? 난 괜찮아!》

_ 이동성, 나침반

사실 내 아들이 암으로 세상을 떠나기 5년 전, 내 동생 No. 3 이동성 목사가 자기 막내아들, 버클리대학을 졸업한 앤드류를 천국으로 먼저 보냈다(2015. 7. 7.). 그리고 쓴 책이 바로 이것이다. 병명은 급성 골수 백혈병이었다. 명문 대학을 졸업하고 청운의 꿈에 부풀어 있던, 우리 가족 중에 유망한 한 젊은이가 부딪혀야 했던 이해 불가능한 투병이었다.

몇 번의 골수 이식, 퇴원과 입원의 반복, 기도하고, 기도하고, 또 기도하고…. 그럼에도 불구하고 그는 우리 곁을 떠났다. 조카였지만, 작년에 아들을 잃고 나서야 나는 뒤늦게나마 조카를 잃은 형제의 아픔을 비로소 온몸으로 느끼게 되었다. 조카가 내게서 나온 자식이 아니라는 이유로 덜 아파하고, 덜 슬퍼하고, 덜 위로했던 것이 진한 후회로 다가왔다.

그런데 신의 코미디인가? 현재 이동성 목사가 사역하는 곳이 샌프란시스코인데, 내 아들 범이 마지막으로 입원한 곳이 샌프란시스코에서 멀지 않은 병원이어서 그는 범을 응급실에서 본 마지막 면회자가 되었다. 뿐만 아니라 거기서 LA 자택까지 앰뷸런스로 후송되는 여정 가운데 함께했던 그는 범이 이송 중 마지막 눈을 감을 때 그를 위해 기도하고 천국으로 보낸 삼촌이 되었다(아들 천국 보내는 연습을 나보다 먼저 했기에 그 임무를 그에게 맡긴 것일까?).

앤드류의 장례식장 관 위에 놓인 꽃바구니에는 "Why are you crying?"(왜 울어?)이란 리본이 놓여 있었다고 한다. 장례식장에 찾아온 조객들은 모두 앤드류가 실제로 그렇게 말하고 있는 것으로 느꼈다고 한다. 내 아들 범처럼 앤드류도 유머로 늘 가족과 친구들을 웃기는 아이였으니까.

나사로의 무덤에서 눈물을 흘리셨던 예수님은 부활하신 후 부활의 동산에 찾아온 마리아에게 "어찌하여 우느냐?"고 말씀하신다. 그는 우리의 눈물을 공감하는 구주시지만, 우리가 눈물의 감정에 빠져 소망을 포기하는 자가 되기를 원하지 않으신다.

앤드류도 벤(범)도 부활의 찬란한 아침, 주 앞에서 다시 만날 테니까! 그리고 천국의 축제를 함께 누릴 것이기에…. 거기서 둘이 만나 오늘도 소리치고 있겠지. "왜 울어? 우린 괜찮아!" 그럼 CU, Andrew and Ben in Heaven!

곧, 아주 곧… 거기서 다시 만나자! 그리고 그때 거기서 우리 가족, 함께 외쳐 보자. "왜 울었어? 앤드류도 범도 다 여기 잘 있었구나. 다 괜찮아!"

하늘로 간 내 사랑

(사랑하는 이를 먼저 보낸 모든 이들과 함께)

작사 이동원
작곡 오세광

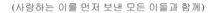

CU in Heaven